IMPROVISATION

即兴

表达力

抓住改变人生的 三分钟

崔永平◎著

民主与建设出版社
· 北京 ·

图书在版编目（CIP）数据

即兴表达力：抓住改变人生的三分钟 / 崔永平著
.— 北京：民主与建设出版社，2020.3（2023.3 重印）
ISBN 978−7−5139−2910−3

Ⅰ.①即… Ⅱ.①崔… Ⅲ.①语言表达 – 通俗读物
Ⅳ.① H0−49

中国版本图书馆 CIP 数据核字（2020）第 027027 号

即兴表达力：抓住改变人生的三分钟
JIXING BIAODALI ZHUAZHU GAIBIAN RENSHENG DE SANFENZHONG

著　者　崔永平
责任编辑　程　旭
封面设计　创研社
出版发行　民主与建设出版社有限责任公司
电　话　（010）59417747　59419778
地　址　北京市海淀区西三环中路 10 号望海楼 E 座 7 层
邮　编　100142
印　刷　天津旭非印刷有限公司
版　次　2020 年 3 月第 1 版
印　次　2023 年 3 月第 3 次印刷
开　本　880 毫米 ×1230 毫米　1 / 32
印　张　7.5
字　数　150 千字
书　号　ISBN 978−7−5139−2910−3
定　价　42.80 元

注：如有印、装质量问题，请与出版社联系

序 言 ＿

如何在生活中成为超级表达者

01

很多朋友都是通过《超级演说家》认识我的。那时候，国内还没有《奇葩说》《吐槽大会》等语言类综艺节目，《超级演说家》堪称国内第一档原创语言竞赛类综艺节目，聚集了"全中国最会说话的人"。

作为非专业演讲选手，我很幸运，第一场就获得了全场观众和导师的一致认可。到现在为止，我仍然是《超级演说家》节目中唯一一个获得全票的选手，并在乐嘉老师的带领下获得了《超级演说家》第一季的全国总冠军。

参加完《超级演说家》第一季节目之后，周边很多朋友都劝我说："永平，你应该趁着《超级演说家》的势头，通过多上节目、多露脸来提高知名度。"但我并没有把心思放在录制综艺节目上，而是选择回到本职的话剧表演工作中。

在演话剧的同时，我也一直从事线下的演讲和培训工作，向一些企业员工和大学生普及公众表达的知识和经验。

经过大量实践培训，我逐渐将演讲表达的知识"内化"为一套完整的方法体系，并结合现实情况总结出了一套非常实用的训练方法。借此契机，我与个人发展学会展开合作，制作了一套有关"即兴演讲"的课程。这也是本书的缘起。

我的很多学员说，他们在学了我的课程之后，从原来的不敢表达到现在喜欢上了表达，在工作和生活中也更愿意主动为自己创造表达的机会。学员们的这些积极反馈，让我更有将这些有关演讲表达的经验和方法分享给更多的人的动力，让那些困在自卑情绪里走不出来的人能够重拾自信，勇于表达自己的内心，创造人生更多的可能性。

02

在这几年的培训以及实践中，我发现，大多数人在生活中都很会表达自我，但一登台，或者是人一多，就显得不自信了。还有很多人虽然听了（或学习了）很多提升演讲和表达能力的课程，但还是会有这样或那样的问题，比如："我要上台了，可是大脑一片空白不知道说什么！""对于在大家面前讲话，我感到很紧张、很害怕"。

这是为什么呢？

这是因为课程只会教给你用各种小诀窍来克服紧张。当然，当众讲话需要技巧，但技巧只是一种辅助办法，它解决的只是一时的紧张，而真正根源性的问题，仅靠表面方法是无法解决的。

真正能帮我们克服紧张的，是表达欲望以及发自我们内心的内容——"我真的很想发言、很想表达！"这才是克服紧张的最重要力量。

但很多读者可能会问：为什么我就没有那么强烈的表达欲呢？这是因为你的脑海里没有能说的东西，即缺乏表达素材。

03

表面上看，你不敢表达是因为紧张，而从根源上来说，你是缺乏表达素材和表达欲。

你可能会说："我也很想跟谁都能顺畅地聊天，但我从小看书少，知识、想法储备匮乏，我是不是注定无法好好表达了？"在回答这个问题之前，我想先给大家讲一个小故事：

有一次，我同一个朋友聊天，他告诉了我他和他妻子相识的一些事情，这个故事非常有戏剧性。朋友说，他和妻子是通过他前任女友认识的。他的前女友被骗进了传销组织，然后将他也带进了传销组织，但没多久，二人就因为一些分歧分手了。

后来，传销组织又骗来了一些大学生，其中就有他现在的妻子。慢慢地，两人熟悉起来。看着这些刚毕业就被骗来的大学生，朋友于心不忍，就想方设法地将他们解救了出来。事情的结果自然是大家想象的那样，朋友和他现在的妻子走到了一起。

一个简简单单的故事，却被他讲得跌宕起伏、生动自然。在我看来，他当时就是在给我做演讲。包括我现在给大家转述这个故事，其实也是在做演讲。

在生活中，你肯定有过给朋友讲自己的故事或是别人故事的经历，其实，这个时候你就是在做演讲——只不过不是在公众面前，而是一对一。

再回到刚才的问题，**我想告诉大家的是：其实我们每个人都可以成为超级演说家，每个人的身上或周围都有着很多素材，只是你没有意识到，或者说不懂挖掘而已。**

我们大可以把演讲看作聊天，只不过面对的对象从一个变成了一群。这听起来也许很简单，其实不然——这需要一个缓慢的转变过程。

在接下来的内容中，我将会把一些表达技巧作为工具运用到日常沟通表达中，让我们在做公众表达时也可以做到像与朋友聊天一样轻松。

04

本书主要分成四大版块：

第一版块，我会从当众表达紧张的底层心理原因入手，教你克服公众表达的心理障碍；

第二版块，我会着重讲解一些表达和演说的技巧，针对表达中的痛点问题各个击破，并教会大家如何将这些小技巧灵活地运用到日常生活中；

第三版块，我会结合自己多年的经验，从表达素材的选取到由内而外的气场养成，为大家带来一些指导性的建议，这些是我们在其他同类书中难以学到的；

第四版块，实战篇。在这一版块，我将会列举一些生活中常见的即兴发言场景，并根据这些场景的情况，指导大家如何在各种场合自信表达，将自己的影响力扩散出去。

　　本书共计26个章节，从心理到技巧再到实战，都是我多年经验的总结。让我们从搭建素材库开始，解决表达难题，由内而外地养成强大气场，并建立自信！

目 录
CONTENTS

01

演讲思维：

你的演讲力就是影响力

02

框架效应：

有逻辑的演讲是设计出来的

03

细节：

让人不知不觉追随你的力量

04

场景化表达：

让任何场合都是你的主场

01

演讲思维：

你的演讲力就是影响力

JIXINGBIAODALI

ZhuaZhu
GaiBian
RenSheng
De
SanFenZhong

◇

翁格玛丽效应：自信心都是鼓励出来的

记得刚参加《超级演说家》时，主持人窦文涛讲述了自己初中参加演讲比赛时的情景。他说，在台下时他能将演讲稿倒背如流，可一上台就完全不一样了，卡壳都是小问题，当时他在台上有很长一段时间居然一言不发。面对着台下的同学，他一时竟不知道该怎么办。不知道过了多久，他突然感到大腿内侧划过一道"暖流"……

当时的场面用"尴尬"这个词都无法准确表述——按照窦文涛的说法，如果当时地上有条缝的话，他都情愿立刻钻进去。

其实，这样的情况不仅窦文涛遇到过，我们大多数人也都会遇到。在当众讲话时，每个人多多少少都会紧张，只不过没有他那么夸张而已。

　　在生活中，当我们对着熟悉的人讲一些身边趣事的时候，我们可能会侃侃而谈、有说有笑，可当我们突然面对十几人甚至上百人的时候，就会变得不自信起来，这是为什么呢？

　　你可能会说是因为面对的人多。但这不是根本性原因。其实，这是因为这样的情况打破了我们生活的常态。在与熟人聊天时，你已经形成了习惯。但当你突然对着一群人讲话时，便打破了你原有的习惯，所以你开始变得紧张、害怕了。

　　这种紧张心理具体表现为你会在意别人的想法：大家会不会觉得我说得不好，觉得我衣服穿得不得体，觉得我的声音特别难听，觉得我长得不好看……其实，你心里的顾虑和你要表达的内容没有一点关系，你本人也没有严重的社交障碍症或演讲焦虑。当众讲话会紧张，究其原因，不是你的表达能力不行，而是一种正常的、普遍的现象，是你给自己的一种负面的心理暗示。

　　那么，我们该如何破除这种心理暗示呢？

　　下面，我们就来看一看，在进行当众表达时，我们该如何克服紧张情绪，修炼自己的强大气场。

一、找到自信的突破口

我小时候嘴很笨。有一次,老师点名让我起来朗读课文,我像是得了帕金森症一般,拿着书的手不停地抖动,然后用浓重的陕北口音朗诵课文:

万里晴空,阳光灿烂,春姑娘笑得眯缝起眼睛来了,那嫩绿的新叶,那田野上的薄雾青烟,高原上的春天短得像兔子的尾巴,一闪便不见了……

这种开口就忘词以及紧张的状态一直持续到我上初中。有一天,也是在一堂语文课上,老师叫好几个同学分角色朗读《皇帝的新衣》这篇课文。突然间,我觉得自己不是一个人在战斗,而且老师给我分的角色只有一句台词:"皇上,您的这件衣服真是太美了!"我整个人一下子就放松了下来。

朗读的时候,我模仿了电视剧里太监说话的声音。令我没想到的是,我的这段朗诵赢得了全班同学的掌声——他们从来没听过有谁在课堂上用表演的方式来读课文,觉得我的朗读很精彩。正是这样的反馈让我突然有了一种被认可的感觉。

也是从那个时候开始，我发现自己虽然在语言表达上不够流畅，但在模仿和表演方面还是有些天赋的。

有了这样的想法之后，我报名参加了学校的各种文艺演出活动，虽然刚开始登台的时候还是会紧张，但只要听到观众们被我逗笑了，我的表演就会越来越轻松，越来越生动。

通过这个例子，我想告诉大家的是，自信的表达源于内心的动力。如果你能在某一次当众表达时获得别人的认可，或者因为你的一句话给别人带去了积极的影响，那么你就一定能拥有当众表达的"内动力"。这就是"翁格玛丽效应"——当你受到了别人的认可，你就会获得很强的"内动力"，这就是我们找到自信的突破口。

那么我们该如何寻找这个突破口呢？

1.找到自己的优势或自己非常感兴趣的话题。例如，我就是在无意中发现自己喜欢模仿表演的。

2.通过正向反馈慢慢地缓解当众表达时的紧张感：你可以多参加一些语言类的活动，例如：行业分享会、兴趣沙龙等。在不断的实践练习中，慢慢地寻找被认同感。只有这样，才能渐渐克服当众表达时的紧张心理。

当你找到自己自信的突破口时，你便迈出了当众表达的第一步。

二、表达前做好准备工作

适当的紧张是正常现象，也是必要的，小小的紧张感会让你的大脑兴奋、精神更集中。要记住，不需要完全拒绝紧张，适当地学会控制紧张就好了。

这样就会产生一个问题：既然适度的紧张有助于当众表达，那么我们该如何把过度的紧张感降低到适度的水平呢？这就需要我们在当众表达之前对所讲的内容做充分的准备。

1.内容的准备

在参加《超级演说家》之前，其实我也不知道自己能讲什么、擅长讲什么。后来，编导找到我，跟我聊了我人生中的一些经历。而通过这次谈话，我知道了自己的哪些经历会让人有兴趣听下去，这才有了"我不是一个精神病"的演讲雏形。

接下来，就是反复地写稿、背稿，虽然过程枯燥乏味，但这是一次完美演讲的前提。所以，在准备演讲内容之前，我们可以通过自述或者找人聊天的方式来找寻演讲的主题，这种方式会让你的内容更贴近现实，也会让我们对内容更加熟练。

打磨完稿件后，就需要背诵和大量的练习了。我当时的做法是：拿着自己的小DV（数码摄像机）录制演讲视频，然后根据视频中自己表现不足的地方再进行调整。有时候，我担心自己的判断会太过主观，还会让好朋友来听我演讲，并让他们给出建议，我则根据他们的建议再次做出调整。

2.熟悉演讲场所的环境

要做好当众演讲，我们还需要熟悉演讲的环境，因为人在陌生的环境下往往会产生紧张和无措感。比如，你要去客户的公司提交提案，那你至少要提前五分钟去看看会议室的大致情况、PPT播放设备是否能正常使用、参加会议的都有哪些人，等等。

这就类似于综艺节目的彩排，就算是见过那么多大场面的明星们，在正式上台表演前也是需要彩排的。对于我们普通人来说，在当众表达时感到紧张是再正常不过的事，只要准备好内容，适当熟悉环境，紧张感就会降低很多。比如，我在第一场演讲之前就进行了几轮彩排，甚至回到宾馆之后，我脑海里还一直都是舞台的环境和布置情况。

3.调整自己的状态

我在前面说过，我们之所以在大众面前表达时会产生不自信，其实不完全是因为要"表达"，更多的是在"当众"——真正困扰我们的是很多人盯着我们看的时候，内心不自觉产生的那种焦虑感。

我们大多数人是无法习惯被他人过分注意的，如果你被群体投以极大的注意力，你就会更加在意自己，提醒自己要表现得更完美，这样的心态反而会使我们更紧张。上台前杂念太多势必会影响我们的表达，因此，我们要学会调整自身的状态，去除不必要的杂念，这样才能在接下来的演讲中发挥出色。

接下来，我会结合自己的亲身经历告诉大家，在演讲开始之前，我们该如何调整自己的心态。

有一年冬天，我去郑州演出，刚好那天下了大雪，堵车特别严重，眼看距离演出只有半小时的时间了。我们一行演员面对这样的情况，只能纷纷下车以百米冲刺的速度冲向演出场地，在开场五分钟前才到达目的地。

由于时间紧迫，我们刚换好演出服就急匆匆地上场了。但意想不到的事情发生了——每个演员的表演都松弛自然、气场全开，那天，我们的演讲堪称完美。台下观众的情绪也是异常饱满，在表演结束之后，他们纷纷起立鼓掌。这是此前我从未遇到过的场面。

后来，我仔细思考了那天的演出与以往演出的差别，试图分析出这次演出为何效果奇佳的原因，我觉得，我们那天发挥得很好的原因就在于开场前的那段"百米冲刺"的热身运动。经过运动，演员们的身体机能都被激活了，上台之后整个人的状态都十分亢奋，思维也变得异常活跃，表演也自然比之前更加生动，更有感染力。

其实，当众表达和表演在本质上都是一样的——重点在"演"，因此，我们可以在上台前做一些热身运动。当我们的身体机能被充分激活之后，就会本能地去做一件事——自我调节呼吸的状态。热完身后，我们的注意力就会集中在所要表达的内容上，完全没有闲暇去顾虑别的事情。这时候，你会敢于做之前没有做过的尝试，在台上演讲的时候就会无所顾忌地打破以往固化的表达模式。

当然,你也可以尝试用别的方法来调整状态。比如,在开场前,把注意力集中在练好开场的前两句话上,上台前深呼吸10次,等等。

发散练习:

你可以找一篇自己特别熟悉的寓言故事,在热完身后讲给你的朋友听,感受一下效果。

预判思维：刻意记忆，才能脱口而出

在我以前的公司里，有一位领导特别害怕即兴发言。有一次，我们一起去电台录节目，她向主持人说的第一句话就是："千万不要问我问题，问我的问题都让小崔来回答。"她本人也经常用这样的方式逃避即兴发言。

在现实生活中，我们总会遇到类似的情况。比如，公司开会时，领导在你汇报完工作后，会突然问你对其他项目的想法。如果这时你支支吾吾，甚至不知道怎么回答，就会严重影响到你的职场后续发展。当然，也可能你是很有想法的，但突如其来的发问让你不知所措，突然懵了。

这时候，我们就要有意识地培养自己的预判思维——提前预见我们要面临的状况，与可能要说的话，并且有意识地组织材料，在任何场景的即兴发言时都能有料可说、从容应对！

一、有意识地记忆对环境的感受

我们在出席任何场合时，都要充分地感受环境给我们带来的直观感觉，然后把这种感觉记录在自己的脑海里，因为这些会成为你日后发言的素材。

下面，我们可以通过一个事例来具体说明。

有一次，母校邀请我回校参加十五周年校庆的庆典，当时我已经毕业整整十年了，再回到母校的时候，发现学校已经发生了翻天覆地的变化。当初我上学的时候，学校已里只有两栋教学楼，而现在已经有了几十幢高楼，唯一让我感到熟悉的是整体的装修风格还是延续了我上学时的风格。

从我再次走进校门的那一刻起，学校的巨大变化，其实都不用我有意识地去记忆，那种扑面而来的直观感受就已经冲进我的脑海里了。

庆典结束后的宴会上，校长突然让我就再次回到学校的感受给大家做一个即兴演讲。当时，在场的所有领导和老师同学们都热切地看着我，等待着我的发言。

我想都没想，直接就从再次踏入校园时的感受说起：

今天刚进学校的时候，我的心情特别激动。

我毕业已经整整十年了。今天，当我们再次走进学校，看到母校从当初只有两栋教学楼、5000名学生的规模，发展到了一个下午都逛不完、师生人数已经达到几万人的规模，这种感受用激动来形容都无法准确地讲出我当前的内心感受。

此时此刻，我更想用自豪来形容我的内心感受，我为我的母校感到自豪。

再次回到母校，最让我感到亲切的是，尽管变化如此之大，但我还是看到了当年学校的影子——教学楼虽然多了，但整体的设计风格还是延续过往的风格，连原来的颜色都没变，这些记忆中的颜色是那么的亲切。

此时此刻，我想借用一句诗来表达我的心情："忆往昔峥嵘岁月稠"。再接一句："看今朝旖旎风光秀"——一代更比一代好。

十年，放在历史中是很短暂的，但放到个人身上，也许就是一个人的一生。十年，我与学校共同成长着，我不断磨砺着自己的心性，磨炼着自己的专业能力，让自己变得越来越强大。十年来，不管我们怎么变化，唯一没变的是我们的那份初心。

历尽千帆之后，我发现，自己仍是当年的那个少年。

在这段发言的前半段，我表达的是自己对学校变化的真实感受，后半段则是我对自己十年间变化的感受。做这个即兴演讲的时候，我刚开始只是想表达一下自己对学校这十年变化的感受，但借着澎湃激动的心情，后半段的感慨也就脱口而出了。

你可能会说我的情况比较特殊，毕竟不是所有人都能遇到这种天时、地利、人和三者俱全的情况。其实不然，很多人在被要求即兴发言时，最大的问题是不知道说什么、从哪儿说起。而如果你对环境有了充分感受，虽然与你需要演讲的内容可能没有那么强的相关性，却会下意识地打开自己的话匣子，激发自己的表达欲。

通过我的这个事例，大家就可以感受到环境感受所导致的蝴蝶效应。因此，无论我们面临何种场景，只要我们对环境有所观察和留意，总能找到对某件事物的回忆和联想。

二.记忆对人的感受

当我们到了一个新环境之后，就会面对各种各样的陌生人，这时你就要注意别人跟你讲的每一句话。要想做好即兴演讲，就要先学会将别人的话语快速地记录在心。从所接触的人当中找到适合的演讲素材，是最为高效也最贴合当下场景的组织演讲内容的方式。

我们接着上面讲到的那个例子继续发散下去，在说完对学校整体环境感受之后，接下来便是最重要的——对学校老师的感受。母校的很多老师都给我留下了深刻的记忆，这些记忆随着岁月的流逝不曾淡化，反倒是越来越清晰。

其中有一个老师的头发白了不少，他在迎接我的时候说："永平，你还记得我吗？"

"黄老师，记得记得，我怎么能忘记您呢？"

他接着对我说："永平，你是咱们学校的骄傲，无论你走到哪里，母校都会支持你。"

这句话让我感触颇深，我回答道："记得刚进学校的时候，老师们一个个都意气风发，如今您的头发白了不少。当年我曾朗诵过一首《站着的风情》——'老师，您满头青丝站成了苍茫的雪山,饱满的前额站成了道道山川。'今天,我终于能够体会到字里行间的意思了。"

再给大家举一个例子。有一年,我在南京新街口某书店参加一个戏剧分享会。还没开场,主持人笑着对我说:"马上就要开场了,我到现在还没想好怎么开场呢!"当时我就觉得主持人好淡定,一点儿都不着急。在聊天的过程中,我聊到自己本打算坐出租车来,但考虑到现在是下班高峰期,就改坐地铁了。

没一会儿,分享会开始了,主持人是这样开场的:"首先特别感谢戏剧导演、演员崔永平,他今天可以说是风尘仆仆地来参加我们的分享会的,刚刚我和他聊天时,他说他先是打出租车,出租车司机直接对他说:'这个点去新街口,你开玩笑吗?不拉!'于是,我们的嘉宾只能改坐地铁来与大家见面。让我们用热烈的掌声,感谢崔老师的到来。同时,也感谢到场的各位朋友在南京路况最堵的这个时间段还能准时来到书店。相信大家对今天的分享会一定充满了期待,这也特别符合我们今天的分享主题——无望的希望。"

听完主持人的这番话,我非常佩服,在分享会开始前,她还没想好怎么开场，但她迅速抓住了我说的话带给她的感受，并依据零散的信息做了一个完美的开场。

这就是我要告诉你的，要善于抓住他人带给你的感受。他人带给你的感受有两种：本身的变化带给你的感受，发生在对方身上的某个事件带给你的感受。用这种感受来激发你的表达欲，你就可以做到张口就来。感受越深，你的表达就会越真，这就是感受带来的力量。

三.记忆对事件的感受

当我们身处一个新的环境，见到了一些陌生人，接下来就要准确地捕捉到这件事情本身带给你的直观感受。然而，如何在即兴演讲中用上这些感受呢？对于这个问题，我的回答是，我们需要明确自己所处的场合，以及对方需要你讲的主题。

有一次，我去参加著名音乐制作人黄国伦在鸟巢（国家运动场）举办的演唱会庆功宴。我们那一桌上都是参加过《超级演说家》和《我是演说家》的选手，大概有十几个人。当时乐嘉老师也在场，他让我们每一个人都讲一下看完演唱会后的感受。

每一个人表达的角度都不一样，但都紧紧围绕着黄国伦老师演唱会这件事展开。

有一个人是这样说的："黄国伦老师应该是所有音乐人里最会演讲的，你今天在演唱会串讲中表现得特别好，展现了你演讲家的风范。"这位朋友是从黄老师串场主持的角度发表的看法。

还有一个人是这样说的："来到能容纳十万人的鸟巢观看国伦老师的演唱会，没想到现场看上去却一点儿都不空，说明您的演唱会开得很成功。"他是从观众多的角度发表的看法。

一个央视足球解说员的感受也很有趣，他是从整体效果的角度来说的："国伦老师今天演唱会的硬件体现出了技术，软件体现出了艺术，两者加起来就表现出了国伦老师对做歌手这件事无与伦比的勇气和魄力。"

上述例子，就是我要说的对事的感受，无论我们参加任何场合的活动，都有一个目的，这个目的就可以为你提供最直观的感受素材，把这些感受记录到你的素材库里，然后随时调用来帮助你完成演讲。

我们在做即兴演讲时，由于所处的场合不同，目的性不同，可能性也就会有越多。有时候，你只需要表达自己对环境的感受就可以了。还有一些时候，你可以用到对人、对事的感受，或者三者兼而有之。

除了明确场合，做好即兴演讲最重要的是要养成提前预判的思维习惯。敏感地捕捉你所感受到的一切，并适时地讲出来——这就需要你有意识地把它们提前记录在脑海里。

发散练习：

阅读完这些内容后，你最直观的感受是什么？可以试着将这些感受写出来，并讲述出来。

心锚效应：破除强大而未知的压迫感

　　首先，来解释一下什么是心锚效应。

　　心锚效应是心理学上的一个概念，属于条件反射里面的一种形式，即"人的某种情绪与行为和外界的某个事物产生连接，产生条件反射。"有句话叫"一朝被蛇咬，十年怕井绳"，说的就是这个意思。而且心锚效应在生活中无处不在，比如，看到一些电视广告，如"牙好胃口就好，吃嘛嘛香""挖掘机技术哪家强"时，你会想到什么？是不是可以脱口而出"蓝天六必治""中国山东找蓝翔"？

　　我在参加《超级演说家》时遇到了一位选手，他和我在一个战队。一天，他做了一个名为"陪伴"的主题演讲，讲述了一个很有趣的故事：他是一个"90后"，是家中独子，由于爸爸妈妈工作忙，没有时间陪他，他的父亲就花了十块钱给他买了一个毛绒熊玩具。他给毛绒狗熊取了一个名字——毛毛，每晚睡觉都要抱着它，上了中学还这样。他的妈妈觉得他的表现很奇怪了，就带他去医院看病，但在医院看了一圈也不知道给他挂什么科。

他上高中那会儿，有一个很受大家喜欢的女孩喜欢上了他。一天放学，他被好几个人堵住了，那几个人不仅抢了他身上的钱，还警告他离那个女孩远点。他当时很不理解，就死盯着他们，跟他们僵持了一会儿，然后就被这伙人打了。

回家后，他不知道怎么跟妈妈说，也没脸跟朋友说，但他心里很委屈、很难过，他想发泄和倾诉。这个时候，他躺在床上，看到了那只憨态可掬的毛绒熊，就把所有的委屈难过都向它倾诉了，一直说了一个多小时，直到说不动了为止。

那一次的伤痛是一个秘密，毛绒熊也帮他"守"住了秘密。从那之后，他几乎把所有的心事都跟毛绒熊讲了——他觉得毛绒熊会一直听，并且从来不嫌弃他。

他讲完这个故事后，得出了一个很重要的观点——每个人在生活中可能都会有这种特殊的小寄托，比如一本破烂的日记，一条很老的宠物狗，甚至是一盘听过几百遍的卡带……

在你孤单无助的时候，有它们在，你不会心慌，也不会自闭。

这其实也是一种心锚效应。心锚效应同样也可以用在沟通表达和当众表达中，用来破除未知的一些压迫感，让你可以更有信心地表达。

但怎么才能在表达中运用这种心锚效应呢？可以从三个方面来寻找和运用：

（1）从外在寻找心锚；

（2）从肢体动作中寻找心锚；

（3）强调和重复心锚。

首先来看"从外在寻找心锚"。比如，你要参加某一次重要讲话，而别致的着装、不一样的发型或一个很特别的妆容等对你有某种特殊的意义，你穿上或扮上就可以放松和增加自信心，从而破除压迫感。

有一次，我参加了一个房地产公司的产品发布会。本来，我是要做二十分钟的演讲来介绍这个新楼盘的，但这家公司一直没有给我这栋楼盘的资料。直到活动举办的前一天晚上，我急匆匆地赶到了活动的举办地，才见到了活动的负责人。他这才拿出需要介绍的产品资料，跟我说需要我明天介绍的产品。但所有的资料只有七页PPT，每页PPT只写了一句话和一张楼盘的内部结构图片。

我看着这七页纸的PPT，完全不知所措，对负责人说："这让我怎么讲，为什么不早点把这些资料发给我？"

责任人却对我说："这对你来说应该不算什么吧，这还是今天刚做出来的呢。"

我当时都要气疯了——七页PPT，要讲二十分钟，这对我来说是一个巨大的挑战。这种未知的压迫快让我喘不过气来了，我几乎整夜未眠，一直在想演讲内容。第二天上午，我一直在背昨晚整理好的演讲内容，紧张到每隔十几分钟就得去一趟厕所，因为以往我做演讲时最起码都会有一个礼拜的准备时间，每次都很从容，不会有不自信、紧张的状态出现，但这次真的是前所未有的紧张和压迫感。

在快要上场的前一个小时，我换好我这次演讲要用的西装，这套西装对我特别重要，跟着我很多年了，在没有参加《超级演说家》之前，我就穿着这套西装主持过大大小小很多场活动，它也是我参加演说家比赛时最关键一场比赛的"战衣"。

穿上这套西装后，我就一直对着镜子看自己，心里的紧张也逐渐平复下来了，状态也跟自己之前穿着松松垮垮的睡衣在镜子前练习时完全不一样。我想起了在《超级演说家》决赛上乐嘉老师对我说的一句话："在演讲的舞台上，you are the king（你是国王）！"

信心也越来越充足。在上场前的最后一小时，我一直穿着这套西装对着镜子练习着，直到主办方通知我上场。我穿着这套曾经带给我众多荣誉的西装走向了舞台中央，镇定自若地完成了这次准备极其仓促的演讲，但最后的效果是超出预期的。

不难看出，这次让我破除心理负担，重建自信的功臣，就是这套陪伴我多年的西装，而这，就是我要说的从外部寻找心锚的重要性。当你找到这个让你特别安心的心锚时，就可以给你带来安全感。

其次，从肢体动作中寻找心锚。比如你在比赛中获得胜利时惯用的手势动作——很多乒乓球运动员在每次赢球后都会有一个双手握拳或单手握拳的动作——这个动作就是可以增加士气和信心的心锚。你在情绪激动时所做的肢体动作，能使大脑得到清楚的信号，比如摸鼻子、握拳并挥舞手臂等，都可以作为你在沟通和当众表达时的心锚。

在参加《超级演说家》之前，我很少做公开演讲，参加这次比赛对我来说也是一个很大的挑战。在上场前，我想到我参加百米比赛最后取得冠军时，会使用单指指天的庆祝动作——好多足球运动员在进球后也会做相同的动作。于是，在比赛时，我就跑步上场，将右手举过头顶，用一指指天，好像自己拿了比赛第一名似的。你可以看看我第一场比赛的视频，我在跑上去的那一霎那，伴着昂扬的上场音乐，一下子就放松下来了，感觉仿佛回到了赛跑主场一样，很快就进入了演讲状态，整个人都很亢奋，讲话如行云流水一般。

我还有一个经常会用到的动作，在每次进行演讲时，如果有些内容可以用到双臂打开这个动作，我会很自然地做这个动作，因为我们生活中与朋友或亲人相逢后经常会在很远的距离就会做出双臂张开拥抱的动作。而且拥抱的含义有很多：鼓励、安慰、关心、爱护，等等。所以我每次在做这个动作的时候，就像在拥抱观众，

我会认为，观众给我的不是压迫感，是一种鼓励和认可。你也可以尝试用我这个动作，如果你在生活中也有类似的动

作,不妨尝试用到讲话的内容中去。

接下来是第三点,强调和重复心锚。

当你找到了自己的心锚,无论是外在的服装或妆扮,还是肢体动作,都要经过多次的强调和重复来固化心锚。

著名相声演员郭德纲每次上台时都会做一个动作——双手合十,冲身体右侧举过头顶,迈着外八字步向前走来表示感谢。他做这个动作时会来回走动,冲着不同方向表示感谢。久而久之,这就成了郭德纲的标志性动作。后来,只要观众一欢呼,他就会使用这个动作。可以说,郭德纲的这个动作就是一个观众心目中已经固化了的心锚。

其实,我们演讲成功后,比如你做了握拳这个动作,每次讲完大家都在向你喝彩,你每次都来重复这个动作,这会让你的自信感和成功感更强烈。经过多次的强调和重复,你就成功地建立了心锚,每次一握拳,你就能瞬间感受到上台的喜悦和成功感。

当然,每个人可能会有不一样的动作。当你在某次讲话时引发了听众的共鸣,他们或是给你欢呼,或是给你鼓掌,或是被你逗得哈哈大笑,这些反应刺激你做出下意识的动作,你一定要对这个动作有所记忆，要在讲话中不断地强调这个动作，让它成为你心里的"固化心锚"。

我们总结一下这一节的内容：在沟通与当众表达中，可以从三个方面来寻找心锚：

（1）从外在寻找。你的着装、发型、妆容，等等，这些曾经在生活中给你带来过某些特殊意义的外在事物，让你穿上或装扮上后就倍感自信。

（2）从肢体动作中寻找。在讲话或沟通中，在听众的刺激下，记住你在激动时所做出的下意识的动作，将之加入到以后讲话的内容中，来破除未知的压迫感。

（3）从上两点中找到自己的心锚，不断地在沟通和表达中强调重复，使心锚变成固化心锚，你瞬间就可以进入讲话的喜悦感和成功感中，未知的压迫感也就荡然无存了。

心锚也分正面心锚和负面心锚。比如，"一朝被蛇咬，十年怕井绳"就属于负面心锚。讲话也是一样，可能你之前在讲话中感受到了挫败，之后再讲就开始逃避和退缩。所以，一定要摧毁这种负面心锚。上台前，要给自己正面的心理暗示，例如通过"我一定会讲的很好""我一定会赢得所有人的喝彩"等来建立正面心锚。

上台后同样也要学会调整，如果你讲着讲着，看到某个人表情很严肃，或某个人低着头玩手机，而你很在意这些表现，这些就会变成你的负面心锚，影响你的讲话。你要学会忽略这些人，注视着那些认真听你说话的人，看着他们向你投来的眼神，你就会建立起正面心锚。当你越讲越精彩的时候，你也会慢慢改变那些没有认真听你讲话的人的态度。

发散练习：

给自己设计一个使自己舒服的动作，当自己跟人谈话紧张时就做这个动作，看看能不能缓解紧张的情绪？

黄金圈法则：用感召的方式吸引同频的人

黄金圈法则是由美国作家西蒙·斯涅克在TED演讲中提出来的，其核心思想就是在沟通表达时按照一个特定的结构"why——how——what"进行表达。其中，why是初心，how是过程，what是结果。

首先是"why"——初心，它围绕一件事情的初衷和信念展开，比如你发现了一个问题，并且觉得自己可以解决这个问题，可以让世界变得更好；又比如你为什么要做你目前的工作，你要赋予它一个积极向上的意义，最好可以结合自己真实经历来说。

其次是"how"——过程，就是一件事情你具体是怎么做的，同样要把执行过程中发生了什么样的困难，你又是怎样一步一步解决的讲清楚，不要草草了事。

最后是"what"——结果，就是这个过程执行完后会产生什么样的结果或影响，这个影响可以带来更大的销量、更好的服务或是影响更多的人更好地生活，给了他们更多的便利，等等。这个结果要与之前的why和how形成很好的呼应，让听众深切感受到你的初心，进而形成情感共振。

在我看来，黄金圈法则是一种很有感召力的表达方式。举两个例子：

我对一部电影记忆深刻，它是一部印度电影，叫《印度合伙人》，故事讲的是根据印度传统，女性在月经期间不得出门。当时印度卫生巾的价格非常高，普通百姓承担不起那么高的费用。于是，男主人公开始为他的妻子做护垫。这让他的妻子非常不理解，但他依旧很执着于做卫生巾，只为了妻子有一个健康的身体。最后，他甚至放弃了原来的工作，全身心地投入卫生巾事业。但因为他是男性，于是大家都说他是变态，他的妻子也因此而抛弃了他。

此后，他开始一个人经营自己的卫生巾事业，并在一次又一次的失败中总结经验，慢慢地把制造卫生巾的大机器变成了小机器，并且在发明创造比赛中获了奖。由此，他的卫生巾事业也越做越大。功成名就之后，他回到家乡，找到自己的妻子，一家人过上了更好的生活。他又将卫生巾普及到农村，维护了众多女性的健康权利，让女性拥有更为平等的人权，他因此也被印度人歌颂。

在整部电影的结尾，男主人公被邀请到联合国去做演讲，他那段演讲非常震撼，很有感召力，摘录如下：

向所有在场的联合国贵宾们致以问候。我现在有点紧张，站在这么严肃的舞台上，因为我从来没有当着这么多人面发表过演讲。

我曾经是一名……（这个时候，翻译打断了他的话，然后对他说："你可以坐着，不用一直站着。"然后大家哄堂大笑。）

笑吧，笑吧，我们村里的人就这样笑我。所以我才能发明做护垫的机器。现在你们笑了，我就有了新的发明。我没有上过学，没有学问，不会拼写，更不懂法语，但你们都听得懂我说的英语，对吗？英语就像开出租车，能把我的感受带给你们。坐好了吗？准备，开始打表。第一个登月的是谁？尼尔·阿姆斯特朗；第一个登上珠穆朗玛峰的是谁？丹增；第一个护垫侠是谁？拉克希米·康德，就是我，简称拉克希米。

为什么一提到拉克希米你就会觉得他很有钱？这个拉克西米如今站在台上，你们为什么鼓掌？这位拉克希米并不想赚大钱。如果拉克西米只想赚大钱，那他就应该叫"赚钱侠"，而不是"护垫侠"。人们都想赚钱买房子，但要我说，大房子实在是太蠢了，你们的白宫就是最大的房子。

为什么不去思考？只会活着，活着，活着，觉得只有钱才能解决所有问题。人们只向上天祈祷：求求您，让我顺顺利利的，不要发生任何事。你想没有问题，那你去死吧！死了就没问题了。没有问题，意味着你没在生活，有了问题才有生活的机会。这位拉克希米很幸运，因为印度到处都是问题，街上全是问题，上有问题，下有问题，到处都是问题，问题就代表机会，那些问题只会给印度更多的机会。

我从女人每月五天的"大姨妈"中找到了问题。你们知道有人管"大姨妈"叫什么吗？测试赛。连续五天的板球测试赛，你懂吗？男人为了在比赛时保护自己的膝盖，会带两个护垫，一个腿一个。女人的经期被叫测试赛，没有女人就没有护垫，而如果女人们用着不卫生的布，这比在球赛中断胳膊断腿更可怕——我的妻子也在用那种布。

我的创业故事其实是一个悲伤的故事。人们都说，那个拉克西米是一个疯子，但我坚持要做护垫。有一个小孩曾帮过我，小孩最棒了，单纯，不会想太多，我也一样。我的思想就像是一张白纸。大公司有很多资金来做研发，研究开发，我没有钱，我只能做尝试，尝试—失败，尝试—失败，尝试—失败，失败不可怕，失败也是一种学习。日子在一天一天过去，慢慢地，我终于可以把很大的机器变得很小，这机器非常简易，很朴素，非常朴素。

我没上过印度理工大学，但是他们来研究我了，他们还给我颁了奖。今天，我要改一下名字，就用美国人的说话方式去改，我要把名字从拉克希米·康德改成拉克希米·可能。这块护垫是我做的，两卢比，只要两卢比，知道吗？这可以让女性多出两个月的生命（观众发出笑声）。

真的，别笑，你们如果不懂，我可以解释。每个月有五天，女人只能坐在屋外，什么都不能干，5乘以12等于60，一年浪费60天，两个月没了。女人用护垫，就能多出两个月的生命。

为什么男人有12个月？女人只有10个月呢？为什么？还用我说吗？要是男人像女人那样出血，半小时就会因失血而亡。我一直相信，只有男人并不能让国家强大。女人强壮，母亲强壮，姐妹强壮，国家才会强大。如今，这小小的护垫机器给了女性力量。

用一生制造护垫就可以成就一生的事业，为什么呢？因为其他的生意总是反复上下，反复上升下跌。只有这个生意是会一直上升的，为什么？（观众又一阵笑声）这不是笑话，别笑，我认真的，只要女人还来"大姨妈"，就有生意，一个停了，另一个又来了，这是自然规律，错不了。

你们觉得我疯了，没有问题，过去也是，人们都说拉克西米疯了。而疯狂只会出名，虽然有名气了，但是我没变，拉克西米没有钱，没钱，（掏出两卢比）就这一点钱能让一个男人微笑，善举能让许多女人微笑，我希望能为我的国家做更多的好事。现在的印度只有18%的女性在用护垫。我希望能把印度变成百分之百护垫国家。我想，我想为100万女性提供就业机会。这是我的愿望，我一定会做到，你们就等着吧。我肯定会再来的，我让你们听我说的"拉式英语"，你们觉得怎么样？我们想学吗？那就来两卢比，包你会！说完了，谢谢。

在这篇演讲中，拉克西米就是在用黄金圈法则来做演讲的：

Why——初心。他为什么做护垫？他讲到，自己从女人的"大姨妈"中找到了问题，他不想看到自己的妻子再用那些不卫生的布，他想让更多的印度女性用护垫，他要解决这个问题。

How——怎么做。他讲到他没上过学，他从一次次的失败中学习，终于发明出了制造护垫的小机器，做出了第一个护垫。

What——结果。他讲到自己将来要让印度的每一个女性都使用护垫，给一百万女性提供就业机会。他结合了自己创业的初衷和自己锲而不舍的精神，促进了国家进步，引发了听众情感共振。

这本是一个悲伤的创业故事，但他在最开始时并没有讲得很悲伤，而是很有幽默感。慢慢地，画风一转，他把自己的情怀放大，但并不夸张，很接地气。这样，他的整个故事前后有一个巨大的反差，会显得很生动（在之后的章节里，我会告诉你如何讲好一个生动的故事）。他从开始的不被理解到后来坚信自己一定可以解决印度女性的问题，为国家做更多的好事，这种反差使得他的这次演讲在印度当地产生了巨大反响，也有了更多的人愿意去支持他。这种由内圈向外圈的表达，就是黄金圈法则在演讲中的感召力。

我们大多数人的表达方式是上来就直接讲what——直奔结果而去，类似于直接讲产品如何如何好，可能偶尔会讲一下怎么做，但几乎不讲为什么。我还是以这次演讲为例，如果男主人公上来就说："我是做卫生巾的，我们是印度知名品牌。之前做卫生巾需要很大的机器，现在通过我的改良，我用很小的机器就可以做出比大机器质量更好的卫生巾。我们公司的产品集合了所有品牌的优点：便携、吸收好、轻薄、透气、不侧漏，为不同年龄段的女性提供了不同的选择，可以满足不同年龄段的各种需求。而且我们的产品为组合包装，还有礼品赠送，比其他品牌要便宜，只要2卢比。在印度，只有18%的女性用护垫，我希望印度成为百分百护垫国家，给100万女性提供就业机会。"

那这就是一个单纯的产品介绍和美好愿景了，它的情感感召力就会很弱。可能会有人觉得产品不错，会购买，但无法产生巨大的影响力。一个企业也好，一件产品也罢，最重要的就是要有一个与之相匹配的故事，这个故事越是让人动容，它的价值才会越大，最后辐射的范围才会越广。

扎克伯格在清华做过一次著名的演讲，他是通过三个故事来展开自己的演讲。

第一个故事是"相信你的使命"，这个使命就是why——初心，是通过互联网把人们连接到一起。

第二个故事是"用心"，这就是how——过程，一开始只是做一款给学生用的小产品，但是因为他的用心，把这款小产品变成了连接世界的大产品。

第三个故事是"向前看"，这就是waht——结果，他说自己将来要连接世界上的每一个人，而这又是一个很大的挑战，但是自己要迎难而上，一直向前看。

这也是黄金圈法则的其中一种表达方式，由内而外的三个圈要相对更清晰一些。**所以，当你在演讲时或与人沟通时，觉得自己越讲越混乱、语无伦次、缺乏感召力时，就可以利用黄金圈法则，由内而外地提高自己的表达能力，吸引到能与你"同频共振"的人。**

发散练习：

在述职报告时，我们可以尝试着用黄金圈法则来复盘自己一年的工作。

02

框架效应:

有逻辑的演讲是设计出来的

JIXINGBIAODALI

ZhuaZhu
GaiBian
RenSheng
De
SanFenZhong

◇

强力开场:让观众的眼睛"长"在你身上

万事开头难,公众表达同样如此,有个好开头可以瞬间吸引大家的注意力。

在之前的内容中,我们就介绍过一个缓解紧张的小方法:在上场之前练好开头的两句话。开头的两句话非常重要,它会像定场诗一样,在演讲的一开始就把听众的注意力吸引过来,当听众的注意力集中到你身上的时候,你自然就会慢慢地放松下来。

有一个问题需要格外注意:大多数演讲者无法抓住听众的兴趣点。演讲者刚开口便发现听众对自己的话语不感兴趣,如果出现这样的情况,演讲者就会越说越没有底气,越说越心虚,最后甚至话没说完就潦草地结束了演讲或者讲话。

在本章,我将为大家介绍几种开口就能抓住听众兴趣的开场方法，瞬间抵达听众的内心，它们分别是：开门见山式开场、悬念式开场、讲故事式开场和引用名言式开场。

一、开门见山式开场

这种开场方式言简意赅、直奔主题，比较适合两种场合：

第一种，比较正式的场合，比如正式会议的发言、公务员面试、考研复试等，用这种直截了当的开场方式会显得比较稳妥。

第二种，你要表达的主题本身就很具吸引力或话题性。比如说，"今天我给大家讲一讲如何健康地减肥"，这样的主题是时下的热门话题，不管是胖是瘦，几乎所有人都想要减肥。这就是一个天然能抓住人心的话题，所以当你在开场的时候，就直奔主题地将大家都关心的话题抛出来，自然就可以吸引到大众的注意力。

开门见山式的开场相对来说比较简单，也很好掌握，是刚开始学习当众表达的朋友最好的选择。**一般句式是："打招呼＋我今天要跟你们聊的主题是……"**

二、悬念式开场

悬念式开场，顾名思义，就是在一开始制造悬念，勾起听众的兴趣，具体该怎么做呢？

1. 利用听众的惯性思维制造疑问

我在《超级演说家》的第一场演讲用的就是这种方式，我说的第一句话是"从我出生那天起，我就没脱离过三个字'精神病'"，这句话非常有悬念，"从出生"到"精神病"，当听众听到这几个字的时候，我在台上能够清晰地看到所有观众的眼神"唰"地一下子向我这里集中过来，有的观众甚至身体前倾，用期待的眼神看着我。

其实，在设计这段演讲内容的时候，我就已经预先设想了听众的心理活动，当他们听到这样的演讲词之后，肯定会在心里嘀咕：这人是在精神病院出生的吗？或者难道站在我们面前演讲的这位演讲者是个神经病？

这种通过制造悬念开场的方法，能够勾起听众的好奇心，让他们忍不住提出问题。从本质上来说，这是利用了听众的惯性思维，让听众主动"参与"到我的演讲中来。

在利用听众的惯性思维给听众制造疑问时需要注意两点：

（1）要打开自己的想像力，把自己当作听众；

（2）要控制好度，别一开始设了一个悬念，但最后却圆不回来了。

2.欲扬先抑

第二种制造悬念的方法是欲扬先抑。有一次，纪晓岚去给朋友的母亲祝寿，大家便让他现场作首诗。谁知他开口就是："这个娘亲不是人"，众人听了大惊失色。紧接着，他又来了一句："九天仙女下凡尘"。众人这才缓过神来。只听他又来了一句："生个儿子却做贼"，众人又是一阵哗然。最后，他缓缓说道："偷得蟠桃献娘亲"。

我们在生活中也会用到这种欲扬先抑的方法。有一次，朋友夸自己的妻子贤惠，他是这样说的："我真不喜欢我的妻子。她每天下班回家后会给我做我喜欢吃的菜，把自己都累坏了，我看着可心疼了。"这就是用欲扬先抑的方式夸赞自己妻子贤惠的例子。

再比如，高中毕业欢送会上，老师举杯致辞："我原本想祝大家一帆风顺，但仔细想了想，这并不恰当。"同学们听了都不知怎么回话，紧接着，老师又说了一句："我觉得一帆风不顺的人生才是真实的人生，在逆风中拼搏的人生才是最辉煌的人生，祝大家奋力拼搏，迈向自己美好的未来！"

当然，我们也可以用欲抑先扬的方法。有一次，我应邀做一个歌唱比赛的评委，点评一个小朋友的演唱水平。这个小朋友唱歌完全不在调上，但我又不好直接说出他的问题——怕打击小朋友的自信心。于是，我这样点评道："小朋友，你唱得特别好，表情也特别丰富，就是一直不在调上，回去要多加练习哟！"这样的点评既表达了对他的鼓励，又指出了他的问题，小朋友也容易接受。

这两种方法其实都是要找到一个让听众思维跑偏的点，或者说和你要表达的意思相反的点，然后再转回到你真正要表达的那个点上，这样的开场方式会让你一开口就吸引到听众的注意力。

3.倒叙表达

制造悬念还可以用倒叙的方法，你可以一开始先抛出自己的结果，让听众产生想一探究竟的猎奇心，他们会好奇到底是什么样的过程才导致了这样的结果。

让我们通过下面的这段演讲来分析这种方法的好处：

我曾经做过一件特别对不起父亲的事情。小时候我特别讨厌父亲酗酒，有一次，他喝醉了睡着后，我就把他的钱包偷走了，让他没有钱再去请客应酬，结果我把钱包给弄丢了，但里边有很重要的证件……

从这个例子我们可以发现，演讲者叙述的这件事本身不是什么特别跌宕起伏的事情，但加上"我做过一件特别对不起父亲的事"这个结果，就会让听的人特别想探究对方是如何对不起自己的父亲的。如此，便产生了往下听的欲望，这就是直接讲一个事情的结果所带来的悬念效果。

在这里，我们总结一下刚才所说的三种制造悬念的开场方式：

1.要学会利用听众的惯性思维制造疑问；

2.要学会欲扬先抑或者欲抑先扬；

3.要学会倒叙表达。

不论我们用到哪种方法，都能令我们的表达在一开口的时候就吸引到听众的注意力。

三、讲故事式开场

可以直接通过讲故事的方式开场，最好是用以下几种方法讲：

（1）讲发生在自己身上的故事。一般开头的方式是"我+

时间＋地点＋事件"。

我们通过一个例子来具体讲解："昨天在排练厅，我突然接到一个很久不联系的朋友的电话，他跟我说的第一句话就是：崔哥，能借给我五万块钱吗？"开头就直接把事件讲出来，千万别铺垫太多，而且事件要有延续性，这样才能吸引听众接着听。

如果在开头交代很多琐碎的信息——这是我们大多数人经常会犯的错误——结果就会成这样："我昨天下午2点多来到排练厅，感觉自己特别渴，一看饮水机没有水了，就打电话让人来送水。我刚拿起电话，突然一个好久不联系的朋友给我打来电话……"这样的叙述方式会分散听众的注意力，至于你接下来到底是要说送水的事还是借钱的事，听众是无法判别的，所以我们要学会在开头就抓住核心事件展开叙述。

（2）讲别人身上发生的故事，一般开头的方式是"我＋某人＋发生的事件"。

我们通过一个例子来具体讲解："我妹妹做事特别爱冲动，但凡感情上受点挫折或者刺激，就扬言要自杀，怎么劝都劝不住，后来……"说身边的人或者事情的代入感是最好的。当你说一个你听说过的事情时，通常情况下会融入情感，并把听众带入到事件中去。

在这里，我们还是通过刚才的例子来讲解："我听我妹妹说，她的闺密是一个承受能力特别差的人，感情上受点刺激就要自杀，她的哥哥怎么劝也劝不住，后来……"这样叙述就明显不会让人有太多想听下去的欲望。

第二个故事信息量比较大，人物关系也复杂了很多，导致我们在听的时候很难理清事件的脉络；它也降低了事件的可信度。因为这件事是叙述者听说的，其中必定会掺杂着一些主观判断，这样必然会消解很大一部人听下去的欲望。

所以，我们在讲别人的故事时，这个"别人"最好是与我们有直接联系的。如果没有直接的联系，讲述别人的故事时最好是引用大家都认识的名人。

一般句式是"某个名人＋做过什么事"。

大家看一看这个例子："乾隆皇帝在登基时做过这样一件事……"大家都知道乾隆皇帝，自然就会有听下去的意愿。如果你讲的这个人物大家并不熟悉，比如你讲公孙接、田开疆、古冶子这三个人，先要大致地给大家介绍一下这三个人物。听众还没有完全消化掉这三个人物呢，你就讲到核心内容了。听众分不清人物，听起来自然就会费劲，所以在讲历史故事时，我们要尽量选择那些大家都熟悉的人物。

四、引用名言式开场

引用名人名言开场可以起到借力打力的效果，使你要表达的核心观点更具说服力。

比如，我在《超级演说家》的夺冠演讲《生命中的最后一天》，就引用了乔布斯的名句："如果你把每一天都当作生命中的最后一天的话，那么终有一天你会发现你是正确的。"

我在此次演讲中所要表达的核心观点是我们要珍惜每一天的时间，不要虚度光阴。引用乔布斯的经典话语作为开场白，就大大提高了说服力，同时也可以平滑地切换到自己的故事中，这叫作借力打力。

在生活中也是一样的。假如有人遇到挫折找你倾诉，如果你开始就说"我觉得，只要你努力，总会有机会"这样的话，对方肯定听不进去，甚至会觉得你在敷衍。

但如果你在开头加一句"马云说过，今天你也许是最差的，但社会给了你很多机会，只要把握，只要你努力，总会有机会的"。这样的表达才会有说服力，你的朋友也才会更有听你劝解的欲望。

　　只有学会了以上四种开场方式，才能在演讲开始时，就抓住观众的眼球，在整个演讲中，让观众的眼睛"长"在你身上。

　　发散练习:

　　下次和朋友聊天时，你可以尝试采用悬念式开场的方式切入话题。

自我介绍: 把握三分钟的黄金定律

我们在参加各种聚会时, 自我介绍会扮演重要角色。一段好的自我介绍不仅能让对方在短时间内记住你, 还可以扩大你的交际圈, 为你带来好的工作机会、人脉以及社会资源。但在现实生活中, 我们大多数人的自我介绍往往很平淡。

我们在生活中, 常常会见到这样的自我介绍:

大家好, 我叫××, 毕业于××大学。我是一个风趣幽默的阳光男孩, 兴趣爱好是唱歌、打篮球、看电影。

我是学校优秀毕业生, 曾是篮球队的队长, 并代表我校篮球队获得过××省第三届大学生篮球比赛冠军, 我曾获得过"大学生原创歌手大赛"十佳优秀歌手, 我……

是不是有种似曾相识的感觉？但综合分析，这样的自我介绍陷入了三大误区：

第一，冗长；

第二，陈述句过多，平淡乏味；

第三，虽然全面具体，但无法凸显重点，让人听完后毫无印象。

一段好的自我介绍应该具备三大特点：**精炼、精妙、精准**。

那么，我们该如何做到上述三大特点呢？

十多年的即兴演讲经验告诉我，一段精彩的自我介绍通常由三个核心部分组成：

你的名字；你的性格特点；你的成就和经历。

针对以上三点，我总结出了三个方法：

要学会为你的名字增添趣味性；

要找到突显自己个性的方法；

第三，挑最有特点的经历和所取得的成绩介绍。

一、在你的名字中寻找趣味性

1.趣味嵌入＋强调重复

如果你的名字和某个大家熟知的事物有着相同的字或发

音（谐音也可以），在自我介绍时就可以把这些元素嵌入到你的名字中。注意：嵌入时应有铺垫，太过直接的话会显得生硬。

比如我有个朋友叫李柚，如果他在自我介绍时这样说："大家好，我叫李柚。木子李，柚子的柚。"是不是就显得枯燥乏味，没有趣味性？而失去趣味性就意味着没有记忆点。

所以我教他这样介绍自己的名字："大家都知道有一首歌曲，叫"一千个伤心的"什么吗？"这时候，大家肯定会异口同声地回答"理由"。

然后，他就可以顺理成章地说下去："对，大家好，我就是李柚，木子李，柚子的柚。当你伤心时，记得找我'李柚'喔。"

这样的自我介绍首先会跟观众产生互动，其次把一首大家耳熟能详的歌很有铺垫地嵌入到了自己的名字中，最后用一句俏皮话完成自我介绍。可以想象，当有人再次遇见他的时候，一定会下意识地说出"你就是一千个伤心的'李柚'吧"。

我们常说，重要的事情说三遍。其实介绍自己的名字时也一样，重复三遍后别人就一定会对你的名字有所记忆，但关键在于你怎样巧妙地说三遍。

如果直接说三遍"我叫李柚，我叫李柚，我叫李柚"——那跟念经没什么区别，所以我们在自我介绍中"重复"时，一定要注意巧妙性和高级性。

参加《超级演说家》比赛时，我也用过重复三遍的方式介绍过自己的名字："大家好，我叫崔永平，崔永元的崔，崔永元的永，崔永平的平。"看似简短，但我把著名主持人崔永元的名字镶嵌到了自己的名字中，重复且有趣，让观众和评审对我的名字迅速有了记忆点。

2. 代入故事

如果你的名字在取名时有一个有趣的小故事，那你不妨在自我介绍时将它讲出来。

我曾在一本书中看到有个人名叫"祁汇潮"，他的名字比较古怪，单单说出来不容易让人记住，但他名字的来源却很有意思。

他是这样介绍自己的："我出生于1950年，就是抗美援朝那一年。而抗美援朝的'朝'是没有三点水的，我们家当时很缺水，所以我的名字就叫祁汇潮——这个潮是加了三点水的潮。"

还有一个大家耳熟能详的演员邓超，他的名字来源也特别有趣，据说他出生的时候违反了计划生育政策——他是超生的，所以他父母就给他取名叫邓超。

二、找到突显自己个性的方法

我们每个人都有自己的性格，或开朗活泼，或内向寡言。但不论哪种性格，在自我介绍时一定要把自己最具优势的一面介绍出来，甚至可以稍稍放大，这样才能更好地突显出你的个性，但同时要注意规避自己的短板。

事例佐证＋猛攻优势

假设你想表达你的性格开朗活泼，如果直接介绍"我是一个开朗活泼的女孩"，这样会显得干巴巴的，没什么说服力。那么到底该怎样自我介绍，才能让别人在三言两语中知道你的性格呢？

有一次我和一个小女孩聊天，她告诉我说："我妈妈说做女孩子应该温文尔雅，贤良淑德。但我一句话却问得她哑口无言。我问我妈妈，那样的话，怎么能体现我'女汉子'的本色呢？"这一句话就表露出了她的性格。

如果我们在自我介绍时通过讲生动事例的方式来介绍自己，那么话语的真实性和说服力就会更上一层楼。

所以，如果在做自我介绍时能用一个小事例巧妙地佐证，那么你甚至可以不用说"开朗活泼"这几个字就能达到目的，而且更具信服力。

如果你是一个内向寡言的人，那么你在做自我介绍时就不要描述自己的短板，比方说，你不喜欢与人交流之，就将内向性格的优势放大，如做事细腻，心思沉稳等。而要放大这种优势，最好的方法就是通过事例来说明。

我认识一个内敛的姑娘，她外冷内热，常常会默默做些关心别人的事。她甚至会记住朋友的生理周期，在特殊时期提醒她们小心着凉，再贴心地备好红糖水。当她自我介绍时，只需拿出这一细节，就完全能体现出她的性格优势，并让他人迅速产生好感。

但这时应该注意，在介绍自己的性格优势时，不可涉及过多方面。若你在一段自我介绍中讲了很多事例，很容易分散听众的注意力，以至于他们分不清哪一个才是重点。所以，你应挑选自己性格中最具优势的部分进行重点介绍，从而达到让别人迅速记住你的目的。

三、挑最突出的经历和所取得的成绩介绍

一个人从小到大的经历有很多，一一介绍会显得冗杂无重点。所以在介绍自己的经历时，一定要精炼。也就是说，直接讲一件对你影响最大的事，并且这件事最好能有对比、反差和冲击感。

那么，具体该如何表达呢？

1.时间跨度

著名影星李冰冰在某次颁奖典礼上是这样发表获奖感言的："我刚刚从台下走到台上只用了一分钟，而我今天站到这里却用了整整十年。"这句话看似简短，但道出的是李冰冰十年来的付出和努力，让人们联想到她一定是经历了许多坎坷才换来今天的殊荣。

这是一种很巧妙地介绍自己获奖经历的方法。李冰冰用时间跨度这个点来表达，有对比，有反差，才有如此的张力。

拿本章开头的常规自我介绍来举例，我们完全可以换一种方式：

"大学四年，我从不识谱到能创作出四十首原创歌曲，最终获得了'校园十佳原创歌手奖'。"一句话，时间跨度有了，对比反差也有了，还充分体现了学习能力。

同理，如果把这种方法用在求职面试中，讲述自己的工作经历，那么一句话的介绍或许会带给你更多机会。

2.过程和结果并重

很多时候，只讲结果并不能凸显出你所获成就的分量。

在本章开头的常规自我介绍中，"我曾获得了××奖、××奖……"这种罗列事实的陈述方式很容易让听众觉得稀松平常，你所获得的奖项也仿佛失去了价值。而有些时候，完全套用上述"时间跨度"的方法来介绍，则会显得生硬。

比如，你获得过"优秀毕业生"称号。如果你说："大学四年内，我从一个不思进取、不尊敬师长的'学渣'变成了人人称赞的优秀毕业生。"这样听起来就会显得非常突兀。

那么，在这种情况下，该如何做介绍呢？你可以挑一件在此过程中对你产生过重大影响、促使你改变的重要事件来讲，而这件事最好也是具有强烈对比和反差的。

比如，你当选优秀毕业生的原因之一是你经常为山区的留守儿童提供帮助，那么你就要在这件事情上寻找反差。你可以说，你开始并没有想过去帮助那些孩子，直到你某次去山区支教，目睹了他们的生活状态。在这过程中，又遇见了某件特别触动你的事情，你这才决心投身帮助留守儿童的事业中。

如果你在自我介绍时能够将这个故事讲出来，那么你的优秀毕业生称号也就实至名归，比干巴巴地直接罗列奖项更有说服力。

综上所述，只要你在自我介绍中把握住了表达精炼、精妙、精准这三个定律，就能在3分钟内迅速被他人记住。精炼体现在你要用简短的语言表达复杂的经历；精妙体现在你要用巧妙有趣味性的语言表达过于简单的直接介绍；精准则体现在你要用精确的语言来表达需要重点突出的经历。

发散练习：

大家可以尝试用我今天讲的三种方法组织一段自我介绍。

故事思维：讲故事要符合"U型公式"

爱听故事是人类的天性，一个具有感染力的好故事可以让完全陌生的人们迅速产生情感上的共鸣。故事的力量，超乎我们的想象，它可以拉近我们与对方的关系，维持我们的友谊，传达某种精神。所以，在当众表达时，我们一定要学会讲故事！

在生活中讲故事和在公众面前讲故事，本质上是不一样的。和朋友聊天，我们可以轻松讲出一件让自己感到愤慨或开心的事，因为那是我们自身情绪的折射。但在公众表达时，由于目的性的限制，讲故事就需要巧妙的技巧了。

多年的工作经验告诉我，一个动听的故事，最重要的是"一波三折"。即一个动听的故事其实就是由一个核心事件加上在其基础上产生的三个转折所构成的，这也是编剧学里的

U 型公式。

当然，"一波二折"或"一波一折"也是可以的。可以根据你所要讲述故事的复杂程度自由选择。但构成方式基本一样，都是由一个核心事件加上若干个转折构成。

我用电影《我不是药神》来举例，其情节可以简要概括如下：

由知名演员徐峥扮演的男主角程勇家发生了经济危机，为解决危机，他前往印度购买仿制药品，回国非法售卖获利。赚到钱后，他预备收手。

当他看到国内的众多白血病患者因为买不起昂贵的治疗药物而家破人亡时，他便动了恻隐之心，开始非法贩售印度仿制药，用以治病救人。最终，他因触犯法律被捕入狱。

三年后，司法机关酌情释放了程勇，行政部门也推动医疗改革，为白血病患者提供了更多有效帮助。

经过分析，我们可以发现，这个故事基本都发生在男主角程勇身上。他因为贩卖仿制药品牟利，继而引发了一系列的事件。整个故事的结构都处于发生事件、平息事件、继续发生事件、继续平息事件的循环中。

　　通过上文，我们可以总结出一个讲故事的公式：发生一次事件＋解决三次事件＝一波三折。

　　在电影《我不是药神》中：

　　发生一次的事件：男主角程勇生意失败，但父亲病重急需用钱。

　　第一次解决方法：程勇前往印度购买仿制药品，回国非法售卖获得利润，欲收手时，对无力购买国产药物的白血病患者产生恻隐之心；

　　第二次解决方法：程勇再次前往印度，贩售仿制药品用以治病救人，最终被捕入狱；

　　第三次解决方法：程勇三年后被酌情释放，从而推动医疗改革，给白血病患者带来了福音。

　　讲一波三折的故事，相对完整，也相对曲折，三个作为转折点的事件要环环紧扣才能使人念念不忘。《我不是药神》中的"一波三折"，指的就是在一个人身上，因贩卖仿制药物而引发的种种事件。

　　再用生活中讲故事的场景来举例，比如这样一件简单的事：

　　我昨天下班回家忘记带钥匙，预备打电话给开锁公司，却发现自己的手机忘在公司了。我正彷徨无措时，隔壁邻居家的女孩恰好回家，就询问她能否借用一下手机，让我给开锁公司打一个电话。但她的防范意识很强，拒绝了我的要求。我没有办法，只好打车到公司拿到手机，再打电话给开锁公司。经过好一番折腾，我才进了家门。

　　在这件小事中：

　　发生一次的事件：我回家发现自己忘记带钥匙。

　　第一次解决方法：我想打电话找开锁公司开锁，发现手机遗忘在公司了；

　　第二次解决方法：我试图借邻居女孩的手机打电话，但她拒绝了我；

　　第三次解决方法：我打车回公司找到手机，打电话给开锁公司要求开锁，这才回了家。

　　这就是发生在我们日常生活中的一波三折的小故事。

　　我再来举一个"一波两折"的例子，即：发生一次事件＋解决二次事件＝一波二折。比方说，我在演讲中经常讲到一则小故事。

故事的内容是，我一开始讨厌我的继父，在家庭聚会中屡次谩骂继父。后来，我先是因为继父送我去参加艺术考试，以及对我无微不至的照顾，慢慢改变了对继父的看法。再接着，继父为了照顾我的感受，没有再生孩子。

这时候，我才真正感受到了继父对我的爱。

在这个故事里，发生一次的事件：我不喜欢继父，屡次谩骂继父。

第一次解决方法：继父送我参加艺术考试并照顾我；

第二次解决方法：继父为照顾我的感受，没有再要孩子。

这就是只发生了一件事，却用了两种解决办法的"一波两折的小故事"。

而最简单的讲故事的方法是"一波一折"，即：

发生一次事件＋解决一次事件＝一波一折

我举一个日常生活中的小例子：

一个小孩向他的爸爸借钱："爸爸，你可以借给我十块钱吗？"

爸爸听了后十分生气："是又要买那些没用的玩具吗？爸爸妈妈赚钱很辛苦，你怎么这么不懂事！"

于是，小孩特别委屈地回自己的屋里睡觉。过了一会儿，爸爸意识到自己的话语 可能伤害了孩子，就走进房间对孩子说："对不起，爸爸刚才情绪不好，不应该对你这么凶。爸爸向你道歉，这十块钱你拿着。"

这时候，小孩从枕头下拿出了一沓一块钱，然后数了起来。

爸爸看见了又开始生气："你有钱，为什么还向我借钱？"

孩子说："爸爸，我的钱不够。但明天是你的生日，加上你的十块钱后，我就可以给你买生日礼物了。"

爸爸听了非常感动。

这就是生活中一个一波一折的小故事。

发生事件：儿子向爸爸借钱被拒绝。

解决事件：爸爸发现儿子借钱是要给自己买生日礼物。

我们在讲故事的时候，要先讲清楚到底发生了一个什么事件，然后说清楚这个事件你是怎么解决的，解决的过程一定要讲清楚——这就是讲故事的核心。

我们在面向公众讲故事时，讲到发生事件的过程和如何解决该事件时，要注意三个关键点：

1.要快速进入发生的事件

如果你要向公众讲上述"儿子跟爸爸借钱"这个故事的话，你应该将儿子怎么跟爸爸借钱这件事作为重点，最好从这一点上开始切入。

如果你开头先讲儿子在家看动画片，然后开始玩拼图，最后在门口等爸爸下班……这样进入主题就太慢了，也容易让你的故事变得内容涣散，没有重点。

2.要学会夸张放大

我在这里所说的夸张放大，并不是说要将事件夸张到让人难以相信，或者是夸大事实，我指的是要在真实的基础上进行适当的夸张和放大。

举个例子，有这样一个小故事：我有个哥哥，小时候他对我十分照顾。他每次看见我吃大白兔奶糖就和我抢。后来我才知道，他是为了让我从小保护好牙齿，因为他小时候因为喜欢吃糖长了好几颗蛀牙。

这个故事给人的感觉非常平淡，简直可以说雁过无声。

换个思路，可以用下面这种方式讲述这个故事：

我有个哥哥，我小时候特别讨厌他。他天天就知道欺负我，而且我觉得他这个人特别自私，我一度认为他是这个世界上最坏的哥哥。我很喜欢吃大白兔奶糖，每当家里买回大白兔奶糖的时候，他就跟我抢，而且一块都不给我吃。

等我慢慢长大之后，我才知道哥哥跟我抢糖吃，是为了让我少吃糖，保护好自己的牙齿，因为他小时候就是因为太喜欢吃糖，才长了好几颗蛀牙。我这时才发现，哥哥虽然总和我打打闹闹，但他始终是关心我、爱我的，是我误会他了。

这就是夸张讲述所带来的效果——增强了感染力，有利于和听众产生情感上的共鸣。

3.要学会对比反差

关于上述夸张放大的讲述手法，其最主要的目的是为了营造故事的前后反差效果，这就是对比反差。如果故事发生时，开篇不够夸张，事情看起来也很好解决，那么这个故事听起来就会没什么意思。

就像我在第二点中举出的哥哥我和抢糖吃的例子，在开篇将哥哥"自私""爱欺负人"的形象夸张放大，就是为了营造结尾的对比反差。

对比反差是我们在讲故事时最常用的方法，因为这与听众的预期明显不同，如果你能让听众产生预期差距感，那么你所表达的观点就会有力量。

做到以上三点，再结合"一波三折"的故事框架，你讲出的故事就一定会是一个充满力量、感染力和感召力的好故事。

发散练习：

请向你的朋友讲述一个"一波一折"的小故事。

内容展示：准备你的百搭故事

在这一小节，我将循序渐进地为大家讲解一下，如何才能讲出一个打动人心的故事，并通过这个故事来阐述你的观点。

首先，根据多年的实践经验，我总结出了一个用故事打动人心的公式：**核心观点 + 延伸故事 + 强调观点 = 打动人心**

这里的核心观点，指的是当你的观点的和别人的观点发生冲突时，不要急着讲道理，你应该将你的观点延伸到一个故事里讲给对方听，并在讲完后再次强调你的观点。相信只要你的故事讲得好，有打动人心的力量，在说服别人时就会事半功倍。

下面，我以我们在生活和工作中经常会遇到的问题为案例，说说如何才能讲出一个打动人心的故事，并让他人接受你想阐述的观点。

案例一：演讲说服

你是不是常常有这样的体验：

当你试图劝说一个人，或是向他阐述自己的观点时，你讲了一堆大道理，却不如讲一个故事更有力量也更有效果？

我曾做过一个演讲，题目叫：《小演员的明星梦》。

这篇演讲的主旨，是想让那些怀揣明星梦的朋友和痴迷做演员的人们清醒一点儿，这世上还有很多种职业可供大家选择，不是所有人都适合做演员、当明星。有时候，应该多给自己一些其他的可能性。

如果我只是一味地讲大道理：做演员有多么不靠谱、收入不稳定、吃了上顿没下顿，等等，那些人根本就听不进去。

但是，当你把那些不出名的演员的艰辛用一个个真实的故事讲出来时，感觉就不一样了。

我当时讲的内容是：某次，我去参观一个电影拍摄片场，遇见了一个男演员。他最初是和王宝强一起来的，但因为过不了剧组的面试，精神上受到了打击。然而，他依然执迷不悟，坚信自己能够一鸣惊人。

当我讲出这样的故事时，就相当于把事实摆在了他们面前，让他们自己做出选择。当然，我也把自己在做演员的同时还给自己寻找其他可能性的亲身经历讲了出来。两相对比之下，那些沉迷于演员梦的人就会重新审视自己，思考并规划自己人生的新方向。

我们来分析一下这个案例：

核心观点：给自己更多可能性。

延伸故事：讲述从业十几年还没有崭露头角的演员，因受不了打击精神崩溃的故事。

打动人心点：用触动人心的事实让还在执拗地坚持"明星梦"的人反思。

案例二：感情问题

某天，你和女朋友（或男朋友）吵架了，你怎么哄她，她都不理你。你跟她讲道理，没想到她很快回了你一句，"你说的道理，难道我会不懂吗？"

于是你觉得自己讲了半天的道理，不但没有起到多大作用，反而导致你们吵得越来越厉害了。

这时，你不妨给她讲一个动人的故事。

举个例子：在真人秀《我家那闺女》中，袁姗姗的爸爸和妈妈闹别扭，袁妈妈三天都没和袁爸爸说话，也不给他做饭。于是，袁珊珊的爸爸给她妈妈讲了一个故事，惹得她心花怒放，第二天就给袁爸爸做好了早餐。

袁珊珊的爸爸具体是这样做的，有一天晚上，他故意半夜醒来，折腾出很大的动静。袁妈妈受不了了："你精神病啊？"

袁爸爸说："我刚才做了一个噩梦，跟你有关。"

袁妈妈一听跟她有关，就很好奇。

于是袁爸爸说："我梦到我和你两个人在江边散步，突然间下起了暴雨。我们没有伞，我就背着你跑。江边路特别滑，我一下子被绊倒了。这可不好，我的心不小心也被摔了出来。我想，我的心被摔出来了的话，我会死的。于是，我就赶快把心往回装，这时候我看到我的心上写了三个字——是你的名字。"

袁妈妈听了后心花怒放，再也不和他生气了。

我们来分析一下这个案例：

核心观点：情侣之间吵架了怎么办。

延伸故事：把对妻子的爱用一个暖人的小故事来表现。

打动人心的点:所有女人都爱听浪漫的情话,更爱听用故事表达出来的情话。

案例三:生活压力

如今在大城市打拼的年轻人很多都是单身,生活压力非常大。每年过年回家,他们最不愿意听到的可能就是来自家人、亲戚的询问:"怎么还没结婚呢?怎么还没有对象呢?这么大岁数了,怎么还不成个家呢?"

你要是跟他们直接讲:"我在大城市生活,压力特别大,还没遇上合适的人。"

据我所知,你的家人和亲戚一般会这么劝你:"那还是你要求太高了,找个差不多的就行了。"

于是,你们的聊天就难以继续下去了。

因为生活经历的不同,彼此很难做到完全理解对方的想法。这时,你不如给他们讲个故事。

我有一个朋友就遇到过这样的情况,他被家里人催婚催得不胜其烦。于是,他对家里人讲了一个这样的故事:"我有一个同事,他刚工作就结婚了。一年后,他的孩子出生了。那会儿他们夫妻俩挣钱也不多,拖家带口住在阴暗潮湿的地下室里，每天起早贪黑挤地铁。没过两年，孩子到了该上学的年龄。但他们发现，孩子没户口，上不了公立学校；而上私立学校的话，他们又承担不起那么高昂的费用。没办法，只好让妻子带着孩子回老家上学。妻子在老家找了份工作，一边工作，一边照顾孩子。结果，他们因为长期分居两地，聚少离多，最后选择了离婚。这件事也给孩子带来了巨大的伤害。"

他讲完这个故事后，家里人当时就切身感受到了他在大城市里生活真的很不易。这个故事的代入感是很强的，所以家人之后再也没有催过他要早点结婚。

我们来分析一下这个案例：

核心观点：外地人在大城市不宜过早结婚。

延伸故事：过早结婚所引发的悲剧故事。

打动人心的点：让家人真正意识到，都市生活的压力之大是他们未曾想到的。

案例四：员工鼓励

假设你因为工作优秀，成了公司的领导，这时候，你就要激励员工，让他们努力工作。如果你只说一些"大家要努力拼搏，创造属于自己美好的未来"之类慷慨激昂的话，难免会显得干巴巴的，无法触动人心。

我们经常看到一些美容美发店、地产中介公司会在早会时喊一些口号来激发员工的干劲：

"世界因我而存在，改变自己就能改变世界。"

"成功者需不断地累积知识和人脉的质和量。"

"成功者就是要比对手多做一下，坚持到底。"

……

类似这样的话，我听得数不胜数。但是，这样的口号真的能激励大家吗？

在我想来，它的效果不如讲一个你曾经如何拼搏，或是讲某个名人的励志故事更显著。

我听过格力集团董事长董明珠在珠海给员工做的一次演讲。演讲过程中，她就讲述了自己是怎样从一个普通的业务员最终成为格力董事长的。其间她所经历的风风雨雨十分让人动容。

她的这番演讲给当时所有员工带来的鼓舞和震撼无疑是巨大的：一个女人对自己都这么狠，更何况还处在拼搏奋斗当中的你呢？

我们分析一下这个案例：

核心观点：让员工喊口号来鼓舞士气不如讲一个励志故事。

延伸故事：董明珠自述拼搏奋斗的故事。

打动人心的点：个人奋斗经历最能激起听众的共通感。

案例五：劝慰他人

有些人性格内向，容易陷入情绪内耗。当他们在生活中受到打击后，往往就会丧失勇气和希望。

如果你劝他说："你不能这样。你要想想你的父母、你的爱人、你的孩子。人生的路还很长，这件事失败了，不代表以后还会失败，要对自己有信心。"

你说的这些道理，对他可能作用不大，因为这些道理大家都听说过。但你如果可以用一个活生生的故事来激励他，那效果就会不一样了。

你可以将"褚橙"创始人褚时健的故事讲给他听。

褚时健，1928年出生于一个普通的农民家庭，31岁带着妻子和女儿下放到农场劳改，日子过得苦不堪言。他51岁时接手玉溪卷烟厂，用18年的时间成长为中国烟草大王。71

岁，他在人生最高峰时锒铛入狱，女儿这时候又自杀，白发人送黑发人。他保外就医后，以74岁的高龄再次创业，承包了几千亩荒山种橙子。85岁时，他的"褚橙"红遍大江南北，刮起了一股"橙旋风"。

褚时健这样的人生起伏和经历足够让人肃然起敬。就如同著名作家罗曼·罗兰说过的一句名言：**"世界上只有一种真正的英雄主义，那就是在看清生活的真相后依然热爱生活。"**

所以，当我们感受到艰难与失败、郁闷与愤怒时，想想褚时健的故事，以其来看待今天的处境与际遇，很快就会释然了。

如果我们能看清楚这个事实，生命的过程就没什么好贪求的，也就没什么好焦虑的了。我们要做的无非只是选择正道、正业，诚诚恳恳地做好分内的事。

用上述故事来劝说对生活失去希望的人，比讲一些虚无缥缈的大道理更能打动人。

我们来分析一下这个案例：

核心观点：要对生活充满希望。

延伸故事：褚时健在人生的至暗时刻触底反弹。

　　打动人心的点：生活对你造成的那些伤害还不够悲惨，比你悲惨千倍万倍的人依旧还能东山再起。

　　以上五个案例基本可以涵盖生活和工作中涉及公众表达的方方面面。要知道，故事的力量是无处不在的。

　　运用"故事打动人心"的公式时，要求我们在与他人观点不一致，或者在公众表达中有效传达自己的观点时，先捍卫自己的核心观点，在核心观点里寻找故事，然后将核心观点"镶嵌"进故事中，并找到在故事里打动人心的点。

　　最后，你要在你的故事结尾再次着重强调核心观点，这样就会产生1+1＞2的效果。因为听众在听故事时会对原本所抵触的观点放松警惕，而心理防线一旦突破，他们就会被带入你的故事里去。当他对故事里的人物命运感同身受时，自然就会认同故事本身所传达出的观点，这就是故事拥有打动人心的根本力量所在。

　　但请注意，在讲故事时，你一定要找到打动人心的点，如果找不准，它就只是一个单纯的故事，并不能打动人心。所以，当你要讲述一个观点，或搜寻故事的时候，最好先换位思考一番。你要考虑，如果你是场下的观众，是否会被这个故事打动。当然，当我们掌握了这样的百搭故事后，才能在任何时候脱口而出。

发散练习：

任选一件社会热点事件或话题，尝试用今天学的讲故事的方式，向你身边的人表达你的立场和看法，看看是否比单纯地讲道理更能说服和打动他们。

互动控场：与观众建立有温度的链接

在中学时代，你可能见识过这样的情景：老师在讲台上声情并茂，台下的同学却睡着了一大片。有时候，我真的特别佩服这种信念感极强的老师。

其实，这是一种典型的缺乏互动的当众表达。老师的这种表达对听众的感受没有一个敏感的判断，没有和听众产生有效交流，最后使得课堂教学成了老师的个人自白。

生活中，很多沟通场景也是如此。有时候，你在很兴奋地跟朋友传达一种观点或是其他有趣的话题时，而对方只是"嗯嗯啊啊"地附和你，根本没有在听。这时，你的内心是不是或多或少有些失落？

所以，无论你在何种场合，无论现场的人数只有几个还是成百上千个，你都要学会在表达时与听众互动，与听众交流。充分感受听众带给你的刺激和反馈后，再根据反馈调整自己的表达。这样，你想表达的观点才能真正传递出去，而不至于自说自话。

关于公众表达，我通常会用下列三种方法管理听众，它们分别是：问答式互动、浸入式互动和游戏式互动。

第一种：问答式互动。

这种互动方式在开场时使用较多，准确地说，就是你来问，听众来答，然后你再把要说的话题自然而然地带入其中。当然，在听众人数较少的情况下，你可以随时与听众进行问答式互动。

还可以反过来：让听众提问题，你来进行解答。这种互动一般在表达结束之后使用。问答式互动最重要的就是要对听众的提问或回答提前做出预设，并准备不同的互动方案来引出你想要表达的观点。

举个例子，我曾做过一个演讲，名字叫作"养老院的一天"。我在演讲开场时是这样跟听众互动的："如果有一家养老院的硬件设施非常好，你们愿意把自己家的老人送进养老院吗？愿意的请举手。——没有一个人举手啊，太吓人了。"

于是，我问了第二个问题："当大家年老以后，如果子女提出要把你送进养老院，你愿不愿意呢？愿意的请举手。"

这次与上次不同，台下有一部分人举起了手。

我又顺理成章地说了下去："关于这点，我也不知道该如何选择，我只能向大家介绍一下我在养老院看到的世界。"

坦白说，我在这篇演讲开头与听众的互动非常不得体。

我在问第一个问题时，看到台下几乎没有听众举手，我说："没有一个人举手啊，太吓人了。"我莫名其妙地接了这么一句后，就仓皇地提出了第二个问题；第二个问题结束后，我表明了自己对住养老院其实是持中立态度的，这明显不符合我前面的反应。所以，当时我在台上能明显感觉到大家一头雾水，现场非常尴尬。

之所以会这样，正是因为我在问这个问题之前，没有对听众的反应做预设。我没有想过：如果现场举手人不多的话，我该如何接话，如何将话题引到我想表达的立场上；而如果没有人举手，我又该如何接话。

通过这个例子，我要告诉大家的是：在与听众做问答式互动时，一定要对你所提出的问题有提前的预判，这样才会引起听众的兴趣，并与他们形成一种良好的互动关系。

这样的"热络气氛"形成之后，接下来无论你讲什么，听众都会被你带入其中。

另一种情况是你在讲完话后与听众进行问答互动。这种互动与开场互动相反，是听众来问，你来答。那同样需要你对听众可能提出的问题做出提前预判，并事先准备好答案，这样才不至于因为突发情况而冷场，也让你在应对时更加游刃有余。

第二种：浸入式互动。

这种互动方式指的是，在讲话的过程中，讲到某个点时，你不需要所有人来回答你的问题，这时你可以直接走到听众席，随机挑选一个听众来向他提问。

这种互动有一个好处：当你讲的话题很沉闷，让听众昏昏欲睡，而你走到听众身边随机提问时，可以让所有听众迅速打起精神。因为他们会觉得你可能会点到自己。出于这个原因，他们会立刻认真听讲。

当然，浸入式互动主要还是为了引出下一话题。

比如，乐嘉老师就经常会用到这种浸入式互动的方法。有一次，乐嘉老师受邀去格力电器讲他的性格色彩学，当时现场有三四千人。

他演讲到一半时，直接从讲台上来到听众席，随机问一个听众："我刚才讲到人有红蓝黄绿四种颜色的性格特征，你认为你属于哪一种颜色？"

这名听众的回答非常有趣："我觉得我是紫色的性格。"

全场哄堂大笑起来，乐嘉老师的回答也很有趣："你说得非常好。紫色性格就是我接下来要讲的，红色跟黄色混合起来就会变成紫色。所以，你的性格是红色加黄色。接下来，我就跟大家讲一讲红色加黄色的性格特征……"

听众说的其实是句玩笑话，但乐嘉老师不但巧妙地接过话头，同时还引出了他的下一个话题。

浸入式互动相对来说比较随机，用好这个方法就需要你能有效控制好话题的走向。那么，怎样才能控制好话题走向呢？

首先，你要学会根据下一个要讲的话题去设置互动的问题，做到不管听众的回答是什么，你都能巧妙地绕回你要讲的下一个话题上。

另外一点就是大家最好选择以聊天的方式做浸入式互动。很多类似乐嘉老师和听众这样的即兴接话，他们之所以接得好、接得妙，就是因为他们完全把当众表达当成和好朋友之间的聊天。演讲者心态放松，就没有接不住的话。

所以，无论听众把话题扯到哪里，他们都可以把话题圆回自己要讲的话题上，从而实现对话题的切换。

第三种：游戏式互动。

游戏式互动是一种有效缓解紧张的方法。我们在正式开始讲主题之前，可以通过与听众做一些小游戏来进行互动，这样不仅可以起到暖场的效果，还可以直接和听众建立信任感、亲近感。

去年，我们公司开年会，公司来了很多新同事，大家还不熟悉。公司领导让我在年会中致开场辞，这让我觉得有些尴尬，毕竟很多同事我都不认识。

我是这样开场的："在讲话之前，我先和大家玩一个小游戏，这个游戏的名字叫作'再接再厉'。"

这个游戏其实就是我们经常玩的抢数字游戏。玩完后，大家都沉浸在游戏的欢乐中，现场气氛一下子热闹了起来。这时候，我紧接着说："玩这个游戏，是希望大家在接下来的一年里都能再接再厉，谁也不落下，都能抢先达成自己的目标。"

接下来，我开始了正式致辞。

这时候，现场气氛放松多了，大家一放松，就会有一种你怎么讲都对的感觉。

如果你在公众表达中加入游戏互动环节，切记千万不要为了游戏而游戏，你的游戏最好能和你讲的内容或主题有联系。即使关联不大，也要起一个相关的游戏名字，这样你的讲话就容易切入主题。

同时，因为这种令人耳目一新的互动方式，你的领导和同事一定会因为你这个巧妙的构思而对你刮目相看。

在介绍完以上三种实用的互动技巧后，在与听众互动时，还有一些事项需要我们注意：

（1）要注意跟听众保持眼神交流。眼睛是心灵的窗户，你可以通过听众的眼神来判断他们有没有在认真听你讲话。如果你看到大多数人的眼神没有集中在你身上，那就说明你讲的话题没有吸引到他们；

（2）你可以在讲的过程中观察听众的身体姿态，如果大家身体前倾，那说明你讲述的内容是他们特别感兴趣的，你可以就这个话题着重讲述；

（3）你还可以试着去感受现场气氛的变化，这点需要大量的练习。

在公众面前表达时，当所有人的专注力都集中在演讲者身上时，他们就会有一种和演讲者同呼吸、共命运的感觉。那时候，你的呼吸和听众的呼吸会完全一致——在讲述的过程中，语言的轻重缓急、气息的快慢变化都会影响到听众。

当你和听众的有效交流达到最高点时，要和缓地进行下一话题的转换。如果在演讲的过程中，你的这种感觉逐渐消失，那就说明整体气氛发生了变化，这时你就要重新调整话术，再次建立有效的交流气氛。

综上，我们在进行公众表达时，要学会和听众进行有效的交流，让自己在表达时能够时刻吸引听众们的注意力，不能自说自话。通过不断练习，将这三种互动方式和注意事项有效地应用到日常的当众表达中，我们才能与观众建立有温度的链接。

发散练习：

请试着和朋友先玩一个互动式游戏，再以该互动为切入点，向他们讲述一个故事。

完美收尾：关注利益点，才能调动听众情绪

　　前两天，我的一个朋友找我诉苦，他说自己最近要买房，但首付不够。他之前借给过朋友一笔钱，现在他需要了，朋友却以各种理由拒绝还钱。后来他又说，他刚交完买房的订金，房主突然又不愿意出售了……虽然整个过程他讲得很曲折，但故事讲完后却没了下文。

　　我总觉得他的这段表述少了点什么，因为我只听见了一个很曲折的故事，但我不知道他想告诉我什么，或者是他需要我为他做点什么，宽慰？或是帮助？这让我有些无所适从。

　　这也就是我要告诉大家的——在表达时，我们常常会犯一个错误——讲话有头无尾。

　　那么，在公众表达时，我们该如何做好一个漂亮收尾呢？有三种简单又实用的收尾方法，它们分别是：首尾呼应，

升华主题，引导行动。

第一，首尾呼应。

关于首尾呼应，我总结出了三种呼应方法。

1.确认式呼应

一般，我们在演讲开场时，总会用一些事例或名言警句来引出要讲的话题，这样我们就可以用与开头相呼应的方式来收尾。

臧鸿飞在《奇葩说》上曾有过一段表述——婚礼是一场庙会。他在开场时先抛出了自己的观点："我们今天不是讨论应不应该办一个婚礼。我们讨论的是，如果我们不想办婚礼的话，有没有权利不办婚礼。"

随后，他才洋洋洒洒地进行具体讲述，并在最后总结说："你们要尊重我不办婚礼的权利。"这就是典型的确认式首尾呼应，结尾对开始所表达的观点进行进一步的强调和确认。

我再举一个贴近生活的例子：某天，你和朋友聊起健康的话题。你说早晨应该空腹喝一口香油，再喝一杯温水，这样对肠胃有好处。然后你开始侃侃而谈这样做的科学依据，到最后结尾的时候，你说自己坚持这样做一个月后，身体的确有了改变，这证明这样做确实有效果，你再次确认这个方法真的对肠胃有好处。

这就是确认式首尾呼应的方法，它可以让你的观点更有力量，更有说服力。

2.问答式呼应

问答式呼应就是在开头提出一个问题，在讲述的过程中先不去解答这个问题，直到结尾时才给出回答。

比如，我在"我不是一个精神病"这篇演讲的开头提出了一个问题："我是一个精神病吗？精神病这三个字从前是我的梦魇，现在则是我的标签。"

然后，在整篇演讲过程中，我一直没有正面回答这个问题，只是在反复强调别人总说我是神经病。直到结尾，我才回答了开头的问题，并且给出答案：我不是一个神经病。

再比如，在生活中，我们和朋友探讨一部电影时。

你问："你觉得《新喜剧之王》这部电影好看吗？"

对方说："我觉得很好看。"

然后，你开始给对方分析这部电影的剧作、导演手法、演员表演、美术置景、服装道具、镜头运用……你逐条和从前的《喜剧之王》对比。最后，你告诉朋友你的观点："我觉得这部电影没有超越前作，不是很好看。"

所以说，在结尾处解答开头提出的问题完全顺应了人们的思考模式，很实用，也很有效。

3.推翻式呼应

推翻式呼应，就是在开场时引入一个和你最后要表达的观点完全对立的结论，接下来再引述一些案例来说明之前引入的结论并不正确。这样一来，就形成了一种强烈的对比，能给人留下深刻的印象。

臧鸿飞在开场时举了一个例子，在婚礼现场，主持人说，现在新郎可以亲吻新娘了，邀请来的宾客就开始起哄。臧鸿飞得出的结论十分有趣，他说新郎新娘都一起住了三年半了，在婚礼上接个吻有什么好起哄的？

最有趣的是他在结尾处把这个并不浪漫的婚礼接吻给推翻了——他给了一个更好的解决方法："新郎新娘完全可以去寻找"诗和远方"，去旅游，去看高山大河、大海星空，他们可以在星空之下拥吻。这样难道不比当着三舅、二姨的面说一句'我爱你'更加浪漫吗？"

臧鸿飞的推翻式呼应就非常有趣，也重新定义了他眼中真正浪漫的婚礼。

在生活中，我们经常会谈论一些人。比如你对你的朋友说："我最开始看到××，就感觉他是一个特别奸猾、唯利是图的小人，后来接触后……"

然后，你列举了好几条和他相处的事例，最后得出结论："后来我发现，××其实不是我想的那样，他是一个外表高冷，内心善良，浑身充满正能量的人。"

这就是推翻式呼应，将你之前对这个人的判断完全推翻掉。

在当众表达中，推翻式呼应的收尾方法用得好的话，会带给人一种颠覆感，听众会对你最后所表达的观点印象更深。

第二，升华主题。

我曾做过一次演讲，题目叫作"认输演讲"。我通篇都是围绕"输与赢"这个主题来展开的，但在最后的收尾处，我对这个主题进行了升华。

我说我们有时候不应该去计较输赢，要应该以爱温暖人心。并且，我对爱重新做了定义：爱不是生日蛋糕，越切越少；爱是生日蛋糕上的火焰，越点越多。

这样的收尾方式，就是升华主题。它不仅能起到画龙点睛的作用，还可以让你的核心观点更具感染力。

在结尾处总结观点时，听众接收到的往往只是一个点，但进行主题升华后，听众看到的是一个面，他们会改变自己看事情的维度，我们的观点对听众的启发性也会变强。

再举一个生活中的例子：

某天，我和老同学聊起曾经的校园往事，相互感叹时间过得太快了，所以我们一定要在年轻之时多干些有意义的事。而此时老同学的一句话又把我的观点进行了升华，他说："我们在珍惜时间的同时，还要干另外一件事。那就是做'复制时间'的事，让你在有限的时间内干那些有意义的事，可以不断地被复制，从而影响更多的人。"

这就是维度不一样的观察，给人的启发完全不一样。

第三，引导行动。

我们在演讲结尾总结完观点后，还可以引导听众展开行动。

著名主持人柴静的演讲《穹顶之下》结尾处的引导话语就非常有力量：

　　就在那个餐馆老板把那个油烟（回收装置）装好的那一会儿，我突然觉得我好像脚踏实地，这种感觉很难说清楚。你明明知道说它对于改善大气污染的作用是非常微乎其微的，但就是因为一个人知道了自己做的一点点事情，可以让事情本身变得更好，他心里面就能够踏实了。

　　所以回头来看，人类与污染之间的战争，历史就是这样创造的，就是千千万万个普通人。有一天他们会说不，我不满意，我不想等待，我也不再推诿，我要站出来做一点儿什么。我要做的事情，就在此时，就在此刻，就在此地，就是此身！

　　成千上万的孩子正在孕育，正在出生，这些河流、天空、大地是应该是属于他们的，我们没有权力只消费而不知克制，我们有责任向他们证明一个被能源照亮的世界，同时可以是洁净和美好的。在雾霾严重的时候，我们至少有一件事情可以做，就是保护好你自己，和你爱的人。

　　在结尾前，她先讲了雾霾产生的根源，列举了大量的事例、采访案例和各种数据。她讲的案例都很宏大，但在结尾却落实到了我们生活中很具体的一个人、很平常的保护环境的举动。以这样的方式来说明保护环境要从自身做起，激起了听众的行动力，这就是娓娓道来式的引导行动收尾。

在我们的日常工作中，经常会用到这种引导行动收尾。比如，领导在讲话的最后激励员工努力工作，"做事不是人家要我做我才做，人家没有让你做的事你争着做，才做得有趣味，才会有收获。这样，你提升的不仅仅是能力，你的业绩也会在不知不觉中提升上来……"

这就是引导行动的收尾。它不仅要求在演说时要有激情，同时要具体化到每一个人的利益点上，这样煽动性才会更强，才可以真正让听众行动起来。

综上所述，演讲收尾要做得漂亮，我们一定要记得首尾呼应，同时还要对总结后的观点进行主题升华，起到画龙点睛的作用。当然也要触碰到观众的利益点，这样才能调动他们的情绪，让他们按照你的要求行动起来。

发散练习：

讲述一件最令你难忘的事，用首尾呼应的方式来进行收尾。

03

细节：

让人不知不觉追随你的力量

JIXINGBIAODALI

ZhuaZhu
GaiBian
RenSheng
De
SanFenZhong

◇

硬盘思维：构建张口即用的故事宫殿

一次，我在哈尔滨工业大学做演讲时，随机邀请了一位同学，请他讲一件最令他骄傲的事。没想到这位同学非常紧张，半天都不知道怎样开口。

我看他这么紧张，就启发他："同学，你先放松，别把我当老师，你把我当成你的朋友，你平时怎么跟朋友聊天，现在就怎么跟我聊。你可以想想：考上大学算不算一件骄傲的事……类似这些事，放开了想，大胆地讲。"

在我的启发下，他突然想到自己中学时曾获得过科技创新大赛的第二名，在我的追问下，他就此打开了话匣子，开始跟我讲述比赛的过程。

其实，我们在做公众表达时，有时候也不是没什么可讲，而是没有在思维体系中构建起自己的"故事宫殿"，让各类故事成为随时可以被我们调用的素材。

在生活中寻找故事素材，其实有三个非常简单的方法：观察生活，记录生活，提炼生活。

一、观察生活

我们身在一座城市、一个家庭、一种工作环境里，每天上班下班，开会应酬，吃喝拉撒睡……繁忙而疲惫，但很多人的心却从未好好体会和感受过每一天发生在身边的故事。

生活中的故事是取之不尽的，因为生活每天都在继续，总会有新鲜的事发生。这就要求我们有一颗好奇的心，多去观察生活中的每一天，不要让自己完全地沉浸在忙碌和琐事之中。我们要时不时让自己的眼睛像一台摄影机一样记录每一天发生的事，然后将"胶片"保存在大脑里。

大学时，我们上的第一堂课就是练习观察生活。上课的方式非常奇特，每天一上课，老师就让我们上街四处观察。

某天，我来到一个集市的小角落，观察人来人往。我看到一个瘸腿乞丐，他穿着破烂的衣衫跪在街边。就在我打算离开的时候，乞丐突然站了起来，我亲眼看到他那双

"瘸了的腿"一瞬间恢复了健康，迈着大步离开了。我目瞪口呆，连续观察了四五天，发现他专找善良的女大学生乞讨。

不久后，我就利用这些信息创作了一个小品，内容是便衣警察假扮乞丐，同一个假乞丐抢生意，由此引发矛盾冲突，让他引来同伙，最终将这个诈骗团伙一窝端。

因为这个小品，我在期末汇报时获得了第一名，许多同学在看过我的小品之后，对街头行乞的人有了防范意识和基本的判断能力。

我要告诉大家的是，公众表达和演员的创作是有共通之处的，他们都需要从生活中寻找素材，而留心观察则是最好的方法。

据我所知，很多知名作家、编剧都会定时定点在街头观察。当然，普通人不用这样为了观察而观察，其实生活中很多有趣的故事都是发生在不经意间的，当你今天遇到一件好玩的事，它让你开心地笑了，你不要笑过之后将它忘记。你要做个有心人，将它记在心里，这也许就是你今后遇到某个话题时可以用的故事素材。

二、记录生活

人的大脑存储故事素材的量是有限的，存储够一定的故事，却不经常使用，它们自然会被新发生的故事所取代，久而久之，也就遗忘了。

我从前经常会遇到这样的情况，当我突然有什么演讲工作时，主办方给我定一个主题，于是我就在脑海里罗列哪些故事素材是可以用的，但当我想到一个特别好的故事素材，可怎么也想不起故事的细节时，那种感觉真是百爪挠心。

每次遇到这样的情况，我就特别后悔当初怎么没有把这个故事写下来。后来，我养成了一遇到什么有趣的事情就随时将它记下来的习惯。比方说，我看过一部很好看的电影，我会写一下我对这部电影的感受，哪些故事情节特别好，等等。

还有一点很重要，就是我们无论在任何场合，都会听到有人滔滔不绝地聊天。这时，你要做一个有心人，竖起耳朵认真听别人讲故事，你可以将你认为有趣的对话记录在自己的脑海里，然后将它们写下来。

去年，我和青年演员张若昀排练话剧时发生过这样一件事，因为剧中女演员总是达不到张若昀的预期，他有些着急了，就在排练厅发表了一段慷慨激昂的演讲——当然，他可能没意识到自己在做演讲。

他说："我们牺牲这么多时间，为什么来这排练？不是为了跟人炫耀说我演过话剧，我是一个真正的演员，我们不是为了给自己镀金，也不是为了票房，更不是为了观众，而是为了我们自己！让我们自己在一遍又一遍的排练中得到点什么，这才是最重要的！"

我对这件事记忆很深刻，就把这个小故事记在了脑海里。

一个月后，在庆功酒会上，我又担当了主持人的工作，需要向参会者们介绍张若昀。于是，我立即搜索我的故事素材库，将排练过程中的这个小故事讲了出来。、

在这里，我给大家推荐几款我觉得非常实用的记录小工具：

印象笔记：印象笔记能从不同的场景（手机、电脑、书籍）收集和记录信息，还能建立索引功能，即便记录的东西再多，也能迅速搜索到你想用的信息；

锤子便签：锤子便签最强大的功能就是可以排版和以多种方式分享，比如直接排成长图分享到微博，十分便捷；

方片记事：方片记事拥有的语音记录功能非常厉害，不

需要额外打开手机的录音模式，还支持语音转换文字功能；

Day one日记＋笔记：虽然day one给自己的定位是日记应用，但它在碎片化内容记录方面很强大，它的编辑功能也十分出彩。

你可以选择一个符合你习惯的软件工具，来帮助记录那些生活中珍贵、有趣的瞬间。我在记录了两三年后，再回过头来看自己最开始记录的那些故事、感受、美妙的文字，重新回忆一遍之前发生过的事情，就会感觉生活是如此有乐趣，值得我深爱。

三、提炼生活

提炼生活，就是经常把记录下来的故事拿出来念一念、讲一讲，提炼成在不同场合中可以讲的"新"故事。因为你脑海里和记录下来的只是当时特定场景下发生的故事，而再次讲出来合不合时宜、有没有效果，都是未知数。

举个例子，演话剧会先看剧本，剧本上的文字是死的，但人是活的。要想把死的文字变活，就需要先和对手对台词，来找寻这个人物的说话状态和语气语调。反复练习之后，才能找到最好的表达方式。

记录下来的故事也是一样，很多时候，我们都遇到过这种情况，当时觉得身边发生的一件事特别有趣，但真的当众讲出来后，却发现并没有那么有趣。这时，你就要把生活中发生的这个故事重新提炼一下，无论是表达方式还是用词造句，你都得想办法让这个故事变得更加生动。

你可以用之前提过的"一波三折"法讲故事，经过提炼后，你可以再次将它记录下来。下次要用的时候，就可以信手拈来，讲起来会更加得心应手。

我刚才所讲的张若昀的案例，其实也是经过提炼才讲出来的。我在讲这个事情的时候，先删掉了起因，直接讲了张若昀所说的话。讲完后，我还对这件事做了一个总结：我觉得他是一个对戏剧、表演充满了热情的人，是一个真正的好演员。

在之前那个故事的铺垫下，我再对张若昀做出介绍和评价时，就会让观众觉得这个人很真实、很具体。

提炼故事，就是要让故事在不同的场合下有不同的讲法。

如果你想成为一个公众表达高手，就一定要下功夫，多次提炼自己记录下来的故事，想办法让你的故事变得更加精致。

综上所述，要想建立故事宫殿，我们首先要有硬盘思维，认真观察生活，留心记忆生活中发生的故事；同时，还要养成记录生活的习惯，写下所记忆的故事，这样会加深印象；最后，还要学会提炼故事，将记录下来的故事进行深度打磨，将其提炼成可以在不同场合下能以最佳表达方式来讲述的故事。希望大家可以用以上三种方法，将自己的"故事宫殿"构建起来，并让它变得富丽堂皇。这样，你用起来就会得心应手。

其实，在生活中寻找故事，同样也是让你在紧张忙碌的工作中放慢脚步，去细细品味生活带给你的美好。这既是方法，也是一种很好的生活态度。

发散练习：

讲一件你在生活中观察到的小故事。

注重语调：让你的语言体现灵动之美

当我们建立起自己的故事宫殿后，就能获得许多好的故事素材。

接下来，我们就要开始学习如何用更具技巧性的语气和语调进行口头表达，以及如何用好身体语言将故事讲得栩栩如生。

我们都知道，现在很多公司每周都会组织分享会，让每个部门的每个人都有机会在全体员工面前分享自己的故事或心得，目的是建设企业文化。其实，这对员工来说也是一次向领导和同事展示个人魅力的机会。

我去年在给一家银行的员工做演讲培训时，组织了一个"精英故事比赛"。我发现，大家的故事都准备得很好，但他们讲故事的技巧却乏善可陈。

其中有一名员工分享的是他克服各种困难拿到客户订单

的故事。虽然这其中有很多障碍和困难，但通过他的讲述，我并没有感受到其中的不容易，大家听他的分享也很难从当中学到经验。

事后，我总结了一下，我觉得他整场分享最大的问题就在于语调平平，没有重音，像是念稿子一样，让人听起来索然无味。

那么，如何在发言的过程中，用恰当的语气和语调让自己的发言更加具有感染力呢？你可以通过情感色彩和重点词汇两个方向来解决这个问题。

一、情感色彩

我们在表述一件事情时，所包含的感情一定有喜怒哀乐、悲欢离合。我们讲话的时候，要注意把这些情感色彩区分开，用不同的语调来表达，这样才会有层次感。

不知道大家有没有注意到，在生活中，当你表达一件高兴的事情时，你的语调一定是上扬的，这就是升调；而当你表达一件不开心的事情时，你的语调就会稍稍下收，这就是降调；这些升调和降调连起来就构成了起伏和转折，这就是曲调；当你不带任何感情色彩地陈述一件事情时，你的语调就是平调。

只有当你的表达有了语调区分时，你讲的话才能打动人心，才能更具有感染力。

通过情感色彩来寻找适合自己的语调时，我们一定要明确以下三点：

1.你对谁表达（你与听众的关系）

如果你面对的是领导，那么你的语调就要降调居多——当然，特别重要的工作汇报除外。当你面对员工时，你的升调就要多一些。但这不是一成不变的，你要根据具体的表达内容来进行调整。

2.你为什么要这么说（动机如何）

在讲话时，你要了解自己的动机，然后通过动机来把握语气语调。比如说，你在很努力地争取一份你喜欢的工作，你所有表达的动机就是"想要得到工作"。这时候，你的语调就应该都是升调和曲调，这样才能充分表达出你对当前工作的渴望。

3.明确表达的目的（想达到什么结果）

如果说你讲一段话的目的是为了跟客户达成合作，那么在你的语气语调中，应该升调、降调、平调、曲调这四种语调平均使用。

打个比方，你在和客户谈话的时候，可以尝试着这样讲："关于这个项目（平调），我们可以为你带来这些价值（降调），同时希望你们可以跟我们配合完成那项工作（升调），这样我们就可以进一步开发这个项目（降调）。如此，我们彼此之间的合作才会更加愉快（升调），这样就能够建立起长期的合作（平调）。"

这样一来，你的感情和真诚就能通过语调传达给客户，从而让你的讲话更有感染力，工作事半功倍。

二、重点词汇

顾名思义，它指的是，你在讲话时要找到一句话中哪些词语是需要重点强调的，在说到这些词语的时候，音量要加大，要将其重点突出。

比如，我们在描绘一个人的外貌时常常会这样说："他的鼻梁很高，脸很圆。"

如果你只是平铺直叙地说出这句话，那么对听众来说，就显得非常平淡，没什么可供记忆的点，但如果你将重音放在"高"和"圆"两个字上，那么你的表达就会显得更有张力，也能让听众们更有代入感。

在寻找重音词语的过程中，我们要注意以下三点：

1.重音词一般是一个字、一个词语，或是一组词语

比如：今天上午我们会议的时间特别紧，所以你们发言时一定要言简意赅。

这句话的重音就是"特别"和"言简意赅"。

2.重音不是死板机械的，要根据讲话内容确定

还是以刚才那句话为例，你可以把重音放到"紧"和"一定"上，这就要看你习惯用哪种方式来强调了。

3.讲话时的重音，要分清主次

还是以上面这句话为例，如果我们把重音放到"特别""紧""一定""言简意赅"这几组词上，读起来的话就会显得主次不分。

以上，就是我所做的一些纯技巧性的分析。当然，你在聊天的时候，其实没有必要刻意去寻找语气语调和重音，因为那些都是由心而发、自然而然的。

当众讲话的时候，因为面对的听众人数较多，很容易陷入紧张的情绪。而且它是带有表演性质的，比平时说话时的语气要夸张一些，所以要格外注意语气语调和重音，这样才能把你的观点更有力地传递出去。

发散练习：

找一篇你喜欢的文章或诗歌来找找语气语调和重音，并试着练习吧。

把握节奏：激起听众情感上的波澜与共鸣

如果你想在演讲开场时就吸引大家的注意力，那你就可以在开场白上下功夫。但要想让听众一直都对这场演讲感兴趣，你的表达就一定要有感染力。否则，就算你的表达内容再有趣，观点再犀利，都很难将你想要说的展现给听众。

在《超级演说家》比赛中，有一个选手的演讲稿写得非常漂亮，可惜他演讲时语速太快，一整场演讲下来，听众大都没有弄明白他到底想要表达什么。他也因而惨遭淘汰，可谓一大遗憾。

生活中，我们常常也会遇到这样的人。比如说我的表妹，她在跟我讲校园见闻时，语速非常快，以至于我不得不几次打断她："你慢点儿，你刚才那句我没听清，你再说一遍。"她在发微信语音时，讲话速度也非常快，我不得不反复听好几遍，才能听清楚她的话语。

还有一类人语速非常慢，让听众都替他着急。例如前几年风靡一时的动画电影《疯狂动物城》，其中有一个经典角色——树懒——它的语速慢到让人着急，忍不住想要替它说下去。要是在生活中碰到这样的演讲，我想大多数听众都会昏昏欲睡。

那么，如何调整自己的讲话节奏，让自己的表达更有感染力呢？这就是这一节的主题——节奏训练。

练习语言节奏有两大方法：停顿和气口。

一、停顿

生活中，我们在讲一段话的时候，因为思维活动、情感起伏、呼吸状态的需要，自然而然地，我们会有不同的停顿。

在公众表达中，我们不能完全照着生活中的一般状态去停顿，而是需要一定的技巧。千变万化的停顿会给你的语言带来丰富的表现力。一个人说话的节奏太快，是因为他停顿的地方太少，让对方无法快速理解意思；一个人说话太慢，是因为他总是在不该停顿的地方停顿，说话节奏就这样被拖慢了。

公众表达中，最常见的停顿方法有两种：

1.逻辑停顿

公众表达中，如果我们的语言节奏出现了问题，词不达意的情况就会时有发生，甚至会打乱整个发言的节奏。

一句简单的话——"妈妈说我不对"，如果停顿在不同位置，所表达的意思就会大相径庭。

"妈妈说我，（停顿）不对"和"妈妈说：（停顿）'我不对'"这两种停顿方式所表达出来的意思完全不一样。一种让人觉得是妈妈错了，另一种则是我错了。这就是逻辑停顿带来的效果，表达的意思完全不一样。

2.情感停顿

我们在讲话时，会本能地受到强烈感召、愿望、心情的支配，在这些支配下所产生的停顿就是情感停顿。这种停顿既可以加强逻辑停顿的效果，又可以不受逻辑停顿控制。这是一种情感表达，它会使你下意识地在某个位置出现停顿。

举个例子，如果我想表达我对某个女生的喜欢，我会这样说："亲爱的，（停顿）我愿为你付出我能付出的一切。（停顿）有句话是这样说的：（停顿）'爱是付出，（停顿）不是索取'，（停顿）我希望你能下来见我一面。"

这就是根据普通断句方式来进行的停顿，属于逻辑停顿。

但情感停顿是可以突破逻辑，来表达自己强烈意愿的。同样的话，我可以采用不同的停顿方式来说："亲爱的，我愿为你（停顿）付出我能付出的一切，有句话（停顿）是这么说的，'爱（停顿）是付出，不是索取'，我希望（停顿）你能下来（停顿）见我一面。"

这里的停顿就没有按照逻辑，我只是按照自己当时的情绪状态来完成的情感停顿。这样的停顿往往有着更强的表现力，让对方能够更深刻地感受到你所要表达的感情，也更有感染力。

二、气口

我们讲话时，每个断句之处都需要换气。这就是所谓的"气口"，就是换气的地方和形式。公众表达时，你需要根据讲话的内容、语意、感情的状态来决定如何换气。

气口安排恰当，听众会听得很舒服，演讲者也易于掌握节奏。这样一来，你的感情就可以通过声音的高低和节奏的快慢来向听众传达。

换气的方式有很多,包括续气、取气、偷气、就气、歇气、大换气、倒抽一口气……至于如何换气,要根据你当时讲话的内容、语意和感情的状态来决定。

在讲话的过程中,我们可以根据讲话的内容以及情绪来确定换气方式。有些段落需要一气呵成,以气取胜,这会让你讲话的感染力倍增,但需要学会大换气和续气。

有时,在讲到一段很重要的内容时,就需要你特别慢地表达,所以你要从容不迫,慢慢表达,这就需要学会取气和歇气。

换气与停顿的变化有三种情况,而三种情况会产生不同的效果,能够表达不同的情绪:

1.停顿同时换气

一般来说,这种方式的停顿与换气是统一的。

比如,我不赞同他说的观点,但我誓死捍卫他说话的权利。

"但"后面的停顿较长,要换一口气,要让听众感觉到这个停顿,因为这个"但是"是一个转折,接下来,你要表达的是另外一种态度。

2.换气而不停顿

这种方式一般用在连续不断地向前推进的讲话中。

比如这样的一段话：

站在一个破旧的三轮车上，我手拿笤帚完成了这首歌的演唱，唱完之后，我感觉整个操场都被我震撼了。从那天开始，课桌就是我的舞台，粉笔就是我的麦克风，草地就是我的舞台，树枝就是我的麦克风，我感觉整个学校都被我的魅力感染了。

我在进行这段演讲时，一点儿都没有停顿，节奏非常快，但我会在每两个逗号处换一次气。这种快节奏表述就是为了快速推进到后边的高潮——"这人是精神病吧。"将这句话慢下来说，就会有一个节奏的变化。

3.停顿而不换气

这种方式一般用在思想延续，情绪积累的地方。

比如，我在某次演讲中讲到一位老人的案例时是这样说的："后来，他来到了养老院，跟孩子们也断了联系，也没有人来看他，他变得越来越古怪。我所知道的故事情节是，有一天，他趁人不备，从八楼楼顶跳了下去。"

这段演讲中，在"从八楼楼顶"和"跳了下去"之间就有一处停顿，当我演讲到这里时，情绪的堆积使我不愿说出"跳了下去"那句话，所以我会有一个停顿。

在没有换气的情况下说出这句话，也是一种情感的延续。从情感角度来说，我很同情这位老人，不愿看到这样的场景。

掌控语言节奏有两大方法，即停顿和气口。而找到合适的停顿点也有两种方法：

（1）逻辑停顿；

（2）情感停顿。

这两种停顿方法是相辅相成的，我们要根据所要表达的内容和表达时的情感状态来停顿，不能随意停顿，否则会打乱我们的节奏。

在练习一段演讲时，要先确定哪些地方的停顿是需要我们重点表达的内容，然后根据这些内容来进行合理的停顿。

关于气口，我们要注意以下三点：

（1）停顿同时换气；

（2）换气而不停顿；

（3）停顿而不换气。

停顿与气口之间也是相辅相成的，我们之所以要训练这些，是因为语言的节奏能让听众听起来舒服，这时候他们的思路也会跟着讲话内容延续下去——这就是在公众表达时好的语言节奏所带来的效果。

其实，影响语言节奏最重要的因素是我们的气息，气息越稳，讲话时的停顿就越好控制，当气息不够用时，就无法控制好语言的停顿，所以容易在不该停顿的地方停顿，造成节奏混乱、内容表达不清的后果。如果我们能把气息练好，不仅有助于表达能力的提升，同时也会对朗诵、致辞、唱歌等有很大的帮助。

发散练习：

找一篇顺口溜或快口段子，自己划分一下停顿和气口，并反复练习。

肢体动作：唤起表达力量感的身体工具

　　我经常看到有些人在演讲的过程中肢体动作会变得非常僵硬，这样的方式会让人感觉你放不开、很局促，表达的说服力自然会大打折扣。

　　在这里，可以用几个小方法来帮助我们在公众表达时巧用肢体语言来增加说服力。

　　首先，在开场时，即刚上台时该如何运用肢体语言。

　　我之前上台主持时，经常是一走到舞台中央就开始说话，这时，台下观众往往还没反应过来，而我就已经把开场白说完了。等到观众反应过来时，我在台上已经开始说话了，而他们想听我要说什么时，我已经将之前的台词说完了。但我又不可能重复一遍，所以我只好硬着头皮继续说。

　　这给人的感觉就是——台上的主持人话太少、不专业。

但我也觉得很委屈，我精心准备的开场词，就这样被匆匆略过了。为什么会发生这样的问题呢？很大一部分原因是我在开场时没有利用好我的肢体语言。

多次失败之后，我总结出了一套经验：**刚走到台上时，切记不要着急讲话，而是先要站定。**

什么叫"站定"呢？就是走上台后，双脚叉开与肩同宽，双手自然下垂，抬头挺胸，保持微笑。如果双腿并得特别拢，会有一种很拘谨的感觉，不自然。当然，女性朋友可以采用"丁字步"来站定，显得落落大方。

站定之后，要用眼神来环顾四周，眼神和微笑要保持一致，要给人以亲切的感觉。环顾四周的目的，在于确定台下观众有多少人还在低头看手机或者聊天，当你看到好多人还没有注意到你，你就可以一直保持这个姿势等待，其实一般只需要十秒钟。当你看到大多数人把目光聚集到你这里时，这时才是你开始说话的时机。

我在某次做演讲的时候，上场后发现现场久久不能安静下来，后面几排总有人在讲话。我就一直微笑地等待着，但声音还在持续，于是我就盯着最后几排说话的观众，表情从微笑到严肃，直到那几个喧哗的人逐渐不再说话，我才开始演讲。

这就是上场时肢体语言所能起到的定场作用，而且效果显著。当你这样做了以后，听众一定会用安静的状态来静静地听你说。

其次，在讲话过程中运用的肢体语言可分为手势运用和舞台行动。

在参加《超级演说家》时，乐嘉老师给我上的第一堂课就是，保持身体不动地完成一段演讲。

因为我在演讲过程中使用的肢体动作非常丰富，有很多都带有表演性质。他要看我只用语言是否还能传递情感。最后的结果是，虽然可以传递，但对情感表达的确有所削弱。所以我们在讲话过程中要在适当的时候加入肢体动作，这样可以增强我们的感染力。

我在讲话过程中用得最多的是手势。

之前在演讲培训机构里看到，很多老师都会把讲话时的手势讲得特别程式化，比方说手不能抬到眼睛上方等。而且他们往往会规定好固定的手势动作，不论讲什么都是用这几种手势，显然非常死板。

虽然我们讲话时的手势的确是比较固定的，但要学会灵活运用，别让自己刻意跟着手势走，你的手势要跟着你的心走，要跟你所讲的内容息息相关。

我的一些学员曾经跟我说过："崔老师，我就是不会用手势，感觉手放到哪里都不舒服。"

这是因为你还没有完全沉浸在你要表达的内容中，你表达的愿望不够强烈，当你的表达欲望够强烈时，就会下意识地做出合适的手势。

另外，我们完全没有必要按照某一种规定的手势去操作——手势一定是在讲话过程中下意识、自发地做出来的，如此才能反映出情感的力量。

关于这一点，你可以在生活中留心观察，每个人情绪激动时，或者是在边讲话边梳理重点时，总是会习惯性地加上手势动作。

仔细观察，你还会发现一个非常有趣的现象：每个人的手势动作都不一样，有的人习惯握拳，有的人会画圈，有的人则会做出打响指状……

有了这样的基本认识之后，在当众讲话时，当你不知道手怎么放，觉得局促不安时，你可以尝试着从生活中入手，可以观察自己在兴奋状态下讲话时会做出什么手势，然后运用到当众表达中去。

在这里，我给大家分享一些我自己平时喜欢用的，也非常有效果的手势：

（1）张开双臂的动作。这个动作我常用于表达宏大主题的场景。一次演讲中，我讲到自己刚来北京时的情景，我站在北京站的广场上张开双臂说——"北京，我来了"。演讲的时候很自然地便做出了这个动作。

张开双臂的那一刹那，我好像又回到了那个时刻，强烈的代入感让我接下来的情绪变得亢奋起来，演讲结果也分外成功。

当然，还有最重要的一点，当你在舞台上张开双臂的时候，会有一种拥抱观众的感觉，这会让你产生强烈的安全感，同时还会让台下的观众觉得你非常自信，气场非常强。

但是，我们千万要记住，不要为了做手势而做手势，那样会显得很刻意，不够自然。如果你在讲话过程中没有契机做张开双臂的动作，那么你也可以做一个双手打开的动作，这是一个讲话过程中惯用的动作，同样会给你带来安全感和气场。

（2）身体重心前移，一只脚向前迈一步，眼睛盯着某位观众，然后双手张开往前推。我在表达特别重要的内容和强烈愿望时，往往会做出这个动作。

这个手势的好处显而易见——能够拉近观众与你的距离。当你专注于向一个观众表达时，其他观众也会看向你，他们会觉得你是在跟他们每一个人在做深入的交流。但是，在台上的你只能对着一个人交流，这会形成一种以点带面的感觉。

这个肢体动作和你站直了用眼神来照顾所有观众的感觉不一样。首先，你的目标很聚焦；其次，能增强表达的力量感——这个肢体动作带有一定的攻击性，同时也会增加你的气场。

当面对公众讲话的时间很长的时候，如果你一味地站定，时间长了，听众便会觉得疲惫。所以，在讲话时，内容中如果有能让你动起来的点的话，最好就动起来说，或是走到离观众更近的地方接着讲。

有一次，我去大学里做演讲，主题比较沉闷，舞台动作也不多，有些同学不感兴趣，但我当时讲的内容是为了下一个话题做铺垫，无法省略，于是我就开始利用舞台行动来吸引听众的注意力：我一会儿走到舞台左边，一会儿走到中间，一会儿又走到右边。但这些行动都是依据讲话内容做出的合理行动。

这里有一点需要我们格外注意，在舞台上行走不宜过多，否则会使听众感觉你脚下无根。

在参加比赛时，我遇见过一位选手，他从初赛开始就有一个鲜明的特点，就是讲话时喜欢来回走动。他的走动跟表达的内容毫无关系，只是一种习惯。

有一次，我在台下看他彩排时的演讲，觉得他好像一个钟摆，看久了我自己都有点发懵，更遑论台下的观众呢。

我们要学会在该行动的时候行动，这样才算是一个有控制力的表达者。

掌握好这些表达中的肢体技巧，你的讲话状态一定会更加自然流畅，整体气场也会慢慢地得到提升，表达也将会更有力量。

发散练习：

找到自己习惯性的手势动作，并找一篇演讲稿来练习，试着在重点语句表达时嵌入这些手势。

幽默的奥义：如何在台上适时地"抖包袱"

2013年，黄渤受邀在金马奖颁奖典礼上做颁奖嘉宾。在此之前，他已经主持过一届金马奖，也参与过几届，已经是金马奖的常客了。颁奖那天，他穿的礼服看着有点儿像睡衣，女嘉宾便开玩笑地问他："你怎么穿个睡衣就来出席颁奖礼？你看梁朝伟、刘德华……他们都穿得很隆重的。"

他立刻幽默地回答道："对对对，因为他们是客人嘛，客人到别人家里，当然要隆重了。你五年没来金马奖，但我这五年一直都在这里，已经把金马奖当成自己的家了。回到家里应该穿什么？当然要舒适一点儿。"

台下的电影明星们纷纷为黄渤的机智鼓掌。

紧接着，蔡康永出言调侃他："黄渤，请你记住，金马奖是我家，不是你家！"

这算是很有力的挑衅了，黄渤是很被动的。顺着说，就会否定自己刚才的话；逆着说，便会导致全场尴尬。但黄渤却用了极高妙的应对策略——以退为进。

看到蔡康永穿的衣服像斑马的条纹，肩膀上还有一个马头做装饰，他就先默许蔡康永的话，告诉他："对对对，但其实你不是一个人在战斗，你还有一匹马。"

说完这句，黄渤直接亮出杀招："从来只看过人骑马，却没看过马骑人，今儿真是头一回见。"

很多人可能会觉得，像黄渤这样幽默的人都是天生的，其实并不是，没有人天生就是幽默的，他们都是后天培养出来的。

那么，普通人到底该怎样才能培养出幽默感呢？

其实，幽默和喜剧一样，都有着相同规律，只要你找到其中的规律，就会让人开心地和你聊天。

训练幽默的方法很简单，大家通常会通过以下几个方面来训练自己的幽默：反转、重复、谐音、自嘲。

一、反转

一部电影，剧情有反转便会显得跌宕起伏、精彩无比，如果我们在说话的过程中也能适时地运用反转这个技巧，便会增强我们的幽默感。

举个例子，我的一位导演朋友就经常用反转来增加幽默感。某天，我正在琢磨一句台词，在反复练习时，导演走过来对我说："你是一个小人啊？"

我当时一愣："什么意思？"

他接着说："在表演中，你是一个会把特别小的细节都抠得特别细的人，所以你是一个'小人'嘛！"

我听完之后，心里乐开了花。

利用反转，我们可以把许多这样的词语拆解开来调侃。"怪人"——怪可爱的人；"人精"——人中的精品。类似这样的拆解方式还有很多，多加练习就能给你带来更多的幽默感。

上述都是说话的人主动运用反转的技巧，但如果你是接话的人，同样也可以用反转来增强幽默感。你只需要从对方的语言中迅速捕捉到有文章可做的地方，对他的话进行因果互换、对象互换或条件和结果颠倒，或在其中设置原因条件，从而使结果大出意外，也一样可以达到幽默诙谐的效果。

比如，黄渤有一次在《鲁豫有约》中同鲁豫对话，他就在鲁豫的提问上做文章，笑料抖得恰到好处。

鲁豫说："黄渤现在可以啊，现在很火啊是吧？"

黄渤说："火，那肯定是火，你想都能坐在这儿跟鲁豫聊天了，那还能不火吗？"

鲁豫问："写的歌有被别人唱过的吗？有唱火了的吗？"

黄渤说："有，唱得人家发火的有。"

黄渤在这里就是在鲁豫话语的基础上将意思调换了下，便制造出了非常好的幽默效果，这就是我们所讲的反转带来的幽默感。

二、重复

重复的意思就是在讲话的过程中，如果你在讲某个梗时已经产生了让听众开心的点，那么这个点就可以在需要的时候重复出现，它会成为你的标签，为你增添更多的幽默感。

综艺节目《欢乐喜剧人》中的"喜剧人"常常会运用重复这个技巧制造笑点。比如岳云鹏就会经常用搞笑的表情说一句"我的天哪"；宋晓峰在他每个小品中都会说"此情此景，我想吟诗一首"……

其实，这些都是他们在之前表演过程中产生的笑点，然后被经常运用在了自己的表演中。

在生活中，当我们在某个谈话中发现了有幽默效果的话语后，也可以在之后的聊天过程中重复使用这一话语。

例如，我有一次参加同学聚会，其中一个同学聊到了减肥这个话题。他说自己是一个很有自制力的人，但没过多久，服务员上了一道他非常喜欢吃的菜，其他同学看他要动筷子，于是异口同声地说："你别动筷，你是一个很有自制力的人。"

接下来，同学们一窝蜂地将那道菜瓜分完了。大家刚吃完，又来了道肉菜，眼看着这位自称有自制力的同学又要动筷，坐在他旁边的人急忙按住他的手说："你是一个很有自制力的人，所以就把这道菜让给我们这些没有自制力的人吧！"

而这位有自制力的同学在一片哈哈大笑声中拿起筷子，说道："你们这些没有自制力的人，也太小看我的自制力了。我动筷，就是要把这道菜夹给你们这群没有自制力的人。"

说完，他就将夹起的菜放到自己嘴里大吃起来。

这就是重复带来的幽默效果。你可以抓住自己或别人身上的一个笑点作为标签，然后进行重复，从而制造出一种幽默的效果。这样的幽默不仅能够暖场，还能让聊天对象对你产生亲近感。

三、谐音

我们在讲话的过程中，也可以用某个字或词的谐音来制造幽默。

我最近演的话剧《仲夏夜之梦》中，就用了很多谐音增加趣味性。

在话剧中，一个角色名叫栗子。

男主角问他："你叫什么名字啊？"

栗子说："我叫栗子。"

男主角开了他一个玩笑："那你是糖炒栗子，还是盐炒栗子呢？"

栗子回答："我是举个例子。"

这段对话说出来后，台下的观众哄堂大笑。

我认识的一位导演也很喜欢用这种谐音的技巧增加幽默感。他岁数大了，经常戴假牙套。有一次，他出席某话剧新闻发布会时忘记戴牙套了，于是在回答记者提问时，他就说："你们别问我太多问题，我现在是无耻（齿）之徒。"

这样的表述让记者笑得都不知道怎么提问了。

在这里，我们要格外注意，使用谐音的技巧时，要特别注意尺度，建议不要随便用别人名字的谐音来进行搞笑，这样会让他人感觉不舒服。

四、自嘲

自嘲是最高级的幽默。虽然在形式上是自己嘲讽自己，却是一种自信的表现方式，因为他敢于把自己的缺点说出来。

比如说综艺节目《吐槽大会》就是一款用自黑自嘲的方法来寻求幽默感的节目，它将明星大腕们的那些负面事情公之于众，这样反而更能为大众所接受。

日常生活中，我们常常会看到自黑的人，其实，这些人就是在运用自嘲这种幽默表达形式。与其诚惶诚恐地怕被别人指出缺点，倒不如爽快地自己说出来，既不尴尬，也落得一个大大方方。

比如，喜剧明星贾玲在接受记者采访时，现场突然陷入了无人提问的尴尬场面。如果是普通人，可能会一直等着记者来提问，那么现场就会变得更加尴尬。面对这样的场面，贾玲主动地站出来自嘲，她笑着问道："都没有问题啊？我已经不火成这样了吗？就没有点绯闻要问问吗？我现在还是单身呢，有合适的可以给我介绍介绍。"

就是这样一句话，场面一下子便热闹了起来，记者们开始和她互相调侃，她也因为这次自嘲更加被观众们熟知。

勇于自嘲能使你在各种场合中迅速获得他人的好感，使得你更容易被人接受和喜爱；善用自嘲式幽默，会让你变得更加自信。但也要掌握好一个度，不要太过，否则非但无法起到自嘲的效果，反而会让别人笑话你。

关于以上四种制造幽默的方法，我们在实际运用时需要格外注意克制的问题。

克制什么？就是在幽默时，克制我们的情绪，要保持正经的姿态，而不是为了幽默而幽默。

生活中，那些冷不丁冒出一个段子的人才是将幽默运用得最好的人。当你讲一个很好笑的段子时，也可以向他们学习——在情绪上，我们得先绷得住，别对方没笑自己先笑了，这样很容易造成尴尬的场面。

比如，相声演员郭德纲说相声时，都是一本正经地讲笑话。他有一个非常经典的段子："今天说的这个故事，距离现在也不是特别远，家里有老人的可以回去问问，那是在春秋战国时代……"这个段子运用的是反转的技巧，但在这里必须克制自己的情绪，一本正经地讲，才会显得更有幽默感。

要想让自己变得更加幽默，我们可以借助反转、重复、谐音、自嘲四个技巧，同时在运用的过程中注意克制自己的情绪，才能在舞台上展示自己的魅力。

发散练习：

试着找找你自己身上都有哪些标签，看看有哪些是你愿意拿出来自黑的，以此来增加自己的幽默感。

表演加成：将演讲的气氛带向高潮

　　近视的朋友在忘记戴眼镜时会有这样的感觉——有时候会听不清别人的话语，即使对方离得并不远。你可能会觉得有点儿好笑，视觉跟听觉有什么关系？但事实是，二者之间的联系是有科学依据的。

　　科学家们研究发现，视觉对外界信息的捕捉是听觉对外界信息捕捉的25倍。将这个原理应用到当众表达中，就是说表达除了要靠内容传递信息，更重要的是还要给听众带去一些视觉上的刺激，如此沟通才能更高效。

　　主持人乐嘉就是一个在表达过程中将表演的元素用到极致的人。我曾看过他关于"性格色彩"的演讲，他的演讲进行了两小时，在这期间，他会把每一个案例中的人物都生动地演绎出来。

由于他充分地利用了肢体的表现力来调度舞台上的整体呈现效果，可以说，他是在上蹿下跳地进行演讲。观看他的演讲，你会感觉像是看了一场话剧表演，生动且有趣。

然而，在表达过程中添加表演的元素是一个极其困难的事情。在运用的过程中，有非常多的地方需要我们去注意。同时，不是任何对话都可以添加表演元素的。

一般来说，在公众表达中，遇到以下三种情况会运用到表演的元素：

（1）出现人物对话时；

（2）在你讲述场景时；

（3）情绪传达。

第一种，出现人物对话时的表演。

我自己在表达过程中运用的最多的表演元素是模仿元素。假设我的表述内容中出现了人物之间的对话，这时候我就会运用表演将人物说话的状态模仿出来——也不用太复杂，抓住关键人物的关键点模仿就可以了。

比如，在讲述一个故事时，其中出现了父亲与儿子的对话。

父亲语重心长地对儿子说："你这样做不对"。

儿子则理直气壮地说："您倒是说说我怎么不对了？"

这是段很简单的对话，听起来毫无画面感，但如果你能在其中加入表演的元素，用生动的语气和神态将爸爸与儿子的人物性格表现出来，就可以为听众构建起一个生动的对话场景。你的表达也自然会因这个小技巧的运用而变得更加生动。

那么，我们该如何模仿呢？

首先，在模仿父亲的讲话时，你需要注意揣摩父亲说话时的语气和语调，以及当时他的形体和状态，针对这两个元素进行模仿就可以了。

父亲的状态模仿到位了，再切换到儿子表达时的状态，你甚至都不用刻意模仿儿子当时说话的状态，只要将你平时说话的感觉放到这句话中，整个表演就完成了。

为什么这么说呢？这其实是一个表演的小技巧。当你将爸爸这个人物的形象和说话状态模仿得惟妙惟肖时，你只需要理直气壮地说出儿子所说的那句话，这两个人物之间的对比就已经出来了，至于儿子的讲话状态，则完全可以省去。

毕竟，我们是在讲述一个故事，而不是在完全表演一个故事，所以只需要让这个对话场景能够生动地展现在听众面前，让听众感受到故事中人物之间发生的矛盾就可以了。

所以，在公众表达中，当出现两个人物对话时，我们只要将人物特性最明显的那个人物模仿出来，另一个人物的形象特征则完全可以省略，只需将二者的差别表现出来即可。

第二种，讲述场景时的表演。

在公众表达中讲到具体的场景时，我们要充分利用场地和肢体动作来为听众构建真实的场景。这种方法叫作情景再现。

某次我在讲粉丝到机场迎接偶像的场景时，我是这样说的："当某明星刚从机场出来时，粉丝前呼后拥地站成两排给他腾出过道。有些人手里拿着写着'某明星粉丝后援会'的横幅；有些粉丝为见到偶像甚至趴到地上，从很多人的脚下找缝隙往里钻；还有些人拿着手机一直拍摄，并发出刺耳的尖叫声。"

在讲述类似的场景时，我们要充分利用自己的肢体动作和舞台动作将其表演出来。一开始，你可以表演某明星走出来的样子，然后根据需要切换到粉丝的状态，将粉丝为见到偶像的急切样子表演出来，让听众能够具体地感受到当时场景的激烈与混乱。

而最重要的是，**要根据自己的语言变化让自己的形体跟着语言的表达而变化**。当你能把一个场景中最重要的人或事件通过肢体语言、舞台行动等具象化的表达方式表现出来时，听众就能清晰地看到这个场景，这就叫作情景再现。

第三种，情绪传达。

公众表达过程中，有时候情绪的传达也需要我们进行表演处理。这里当然不是说要像演戏那样刻意地进行表演，只是在讲有些内容时，我们需要传递某种内在的感情，如此就要通过声音色彩和情绪的外放来达到表演效果。

我曾给某银行的一个员工进行过演讲培训，她讲的故事是她在山区支教时发生的。

无疑，故事很感人。她讲到支教结束时，孩子们哭着挽留她："老师，你走了，以后就再也没人管我们了。""老师，我现在还记得你刚来时送给我的那件衬衫，我一直都没舍得穿。""老师，求求你别走了！"

她每次重复孩子说的话时都会泣不成声，几次三番地中断话语，虽说情感很真挚，却没几个人能接受这样情绪失控的场面。因此，在传达情绪的时候，我们要格外注意情绪的控制。

当我们在表达一个感人的故事时，要学会克制自己的情感，不被事件完全左右自己的情绪。那么，怎样做才能有效地控制情绪呢？

有一个方法可以做到这一点——**点到即止**。

就是说，如果你要讲一个打动人心的故事，当讲到泪点时，你就要控制住自己，不能再往下讲了。直接阐述你的观点或者进入下一个主题，通过这样的方式控制自己的情感。

上文的支教老师之所以因为哭泣而讲不下去，就在于她将孩子挽留自己的场景讲得太多，而她本人又比较感性，场景重现之下，情绪自然难以控制住。

如果她只是表达其中一个孩子的挽留话语，当发现听众被感动后便迅速切换到其他事件上，相信情况会好很多。

当然，还有一种情况：当你需要煽动听众情绪，但你自己的情绪却无法外放时，该怎么办呢？这就需要训练你的感受力了，你可以从讲述自己感受最深刻的事件开始，以此来激发自己的情绪，进而用自己的情绪去感染听众的情绪。

有些话剧演员在表演过程中也会遇到情感无法调动的情况，通常的训练方法是——让他们蒙着眼进行表演。这样做之后，演员会将所有的注意力集中到要说的台词上。当他们不受外界干扰时，就能全身心地去感受台词所要传达的情感，从而激发自身内在的情绪感染力，表演效果才会更上一层楼。

在练习公众表达时，我们同样也可以使用蒙眼的方法。当你完全沉浸其中并找到情感共鸣点后，在正式讲话时你就会下意识地代入蒙眼练习时所体验到的感觉，这样有利于你将情感完全释放出来。

还有一种方法，叫作"情绪记忆"，这是表演技巧中的一种。意思是说，如果你在生活中曾被某一事件所触动，它让你感到难过或痛苦，以至于你再次想起它时难过的感觉会油然而生，那么，在这个时候你就要将这种情绪牢牢地记住。

在你进行公众表达时，如果你所表达的情绪和你之前经历过的某事件的情绪是吻合的，你就可以调用之前的情绪记忆来表达现在想要表达的内容。

举一个例子，在排练话剧时，一位年轻的演员在说某段台词时，怎么也无法代入情感，任凭我们如何渲染主人公命运之悲惨都无济于事。后来，我就跟他聊了人物之外的话题，问他小时候最害怕什么或者最恐惧什么，他告诉我说他最害怕孤独，因为父母时常不在家，他在学校里受了欺负都没人倾诉……然后，他就开始滔滔不绝地讲述自己的故事，越说越难过。

于是，我让他用现在的情绪来表达这个人物。再开始排练后，他所有的情绪都对了。

这就是情绪记忆对表演的帮助，将之运用到公众表达中也同样适用。

很多人在公众演讲的时候会过分强调表演，殊不知任何事物只要过度必然会产生反效果。表演能够修饰语言表现力上的不足，但它不是必要的条件，所以一定不能为了表演而表演。

就像"罗辑思维"的创始人罗振宇，为什么他能在跨年演讲中连讲四个小时且几乎不带任何表演，却还能俘获人心？那是因为他心里非常坦荡和自信：

他就是希望以一名"知识供应商"的角色和大家一起终身学习。为了表达这个初心，他在演讲内容上下了很大的功夫，直到演讲倒计时的前几个小时，已经改稿改到虚脱的他还在改稿。

所以，当众表达不管怎么表演，最终还是要回归演讲的本源——回归到充分的内容准备和真实情感的表达上来，只有这样，才能将演讲的气氛带向高潮。

发散练习：

请模仿一个有趣的人物对话。

修炼反应力：别输在小小 bug（漏洞）上

一位学员曾问过我这样的问题：他可以在社交软件上和所有人侃侃而谈，但一打电话或者是面对面交谈时，他就会变得寡言少语。后来，他渐渐发现，身边有很多人都有类似的情况，为什么会这样呢？

我告诉他，这是因为他无法有效地应对与交际对象之间的"谈话意外"——比方说冷场、尴尬、遭遇反驳之类的突发情况。

直接对话往往是即兴的，而谈话意外不在你能掌控的范围内。出于自我保护的心理，你会选择逃避，让自己尽量不去接触这种复杂多变的社交场合。但在网上聊天时，彼此间的对话有滞后性和可选择性的特点，你有足够的时间去思考，就算遇到谈话意外，你也能充分组织语言进行回应。

所以，一个人是否具有高超的临场应变能力非常重要。它不仅是当众表达时需要的重要技能，而且在平时的社交场合中，它也可以帮助我们有效地处理所遇到的各种障碍。更重要的是，人类是群居动物，不可能永远只在网络世界里表达自己，所以，提高临场应变能力至关重要。

那么，在即兴发言中，我们该如何提高自己的临场应变能力来应对突然出现的意外和尴尬呢？

我在《超级演说家》节目中曾做过一次名为"认输演讲"的演讲。临上场时，我还没想好演讲的最后一句话，只想到了上半句：爱不是生日蛋糕越切越少，爱是……

临上台前的五分钟，乐嘉老师帮我想到了一个非常精彩的结尾：爱是生日蛋糕上的火焰，越给越多。

我觉得非常好，重复几遍后觉得自己记住了，没问题了。可上台之后，意料不到的事情发生了：当我从容地讲到最后时，我一时紧张，竟将乐嘉老师告诉我的最后一句话给忘记了。

当时我的大脑一片空白，但幸运的是，多年的舞台经验帮助了我，我在演讲台上站了足足有三秒——要知道，在演讲台上的三秒钟是非常漫长的。我绞尽脑汁地思考着临上场时乐嘉老师对我说过什么。当然，在这个思考过程中，我用了手势动作来掩饰忘词的尴尬和我内心的焦虑。

当我说完"爱不是生日蛋糕，越切越少"这一句后，虽然大脑一片空白，但我的手势却下意识地跟着上一句话，做着切蛋糕的动作。我将这个动作延续了三秒，然后抬起头跟乐嘉老师对视了一眼。看见他后，我终于想起了这句话："爱是生日蛋糕上的火焰，越给越多。"

台下顿时掌声雷动，没有人看出我忘词的尴尬和我当时大脑一片空白的状况。

通过我的亲身经历，我想告诉大家的是：如果我们在当众表达的过程中突然忘词了，可以通过故作镇定、肢体动作、顺水推舟、提问互动等方法来化解窘境。

1. 故作镇定

故作镇定是所有人都应具备的一种基本心态，它需要长期练习。无论在什么场合出现意外情况，首先要做到的就是镇定，不能慌。因为一旦心态慌张了，就更加没有办法应对已经发生的意外，你精心准备的讲话就会被迫终止。

我当初参加艺术考试时遇到过这样一件事：一名考生准

备向评委老师讲述一个寓言故事，走上台后面带微笑，非常亲切地向评委老师做介绍："评委老师好，我今天要向大家讲述一则寓言故事，名叫《一头学问渊博的猪》。"

这时，他稍稍停顿了两秒，然后镇定自若、面带微笑地说："谢谢评委老师。"

然后，他面带微笑地走下了场。

结果——他被录取了。

这是为什么？

他虽然忘记了他所要讲的故事内容，但老师看到的是他并没有因忘词而感到尴尬或不知所措，而是镇定自若地走下了台，这是一种非常难得的心理素质。

2.利用肢体动作

当我们在做公众表达遇到意外时，可以适当利用一些肢体语言来掩饰自己内心的不安，争取时间来思考应对措施。我所举的在台上忘记演讲词的例子，就是用了这种方法来拖延时间并快速思考的。

当我们在讲述的过程中出现思路中断时，也可以运用一些合理的肢体语言来为重新组织语言争取时间，也可以在讲话之前就准备一些预防措施，以应对可能出现的意外。

3. 顺水推舟

在当众表达时，不可能永远顺顺利利，可能出现的突发情况有很多，场内环境和听众反应也不可能完全达到我们的预期。例如，在演讲的过程中，可能会有人不断插话；也可能会有人来回走动，干扰你的视线。这时候，我们就可以采用"顺水推舟"的方法来解决遇到的突发问题。

所谓顺水推舟，就是要学会自然而然地顺着已经发生的事情向下讲。有些时候，意外反而是一种能激发你即兴发挥的良好刺激。

当外部因素出现突发状况时，我们首先要做到不慌张，然后从容地运用顺水推舟的方法，让我们的即兴发言变得更精彩。

4. 提问互动

提问互动是一种在"思维短路"或现场的嘈杂声已经严重干扰到你，导致你无法继续讲下去时所采用的一种有效方法。

我曾经在某大学做演讲，当时我讲到一个知识点时，突然发现自己的逻辑不够清楚，再继续讲下去的话逻辑会完全乱掉。于是，我镇定自若地走到一位同学身边向他提问："同学你好，关于我刚才讲的那些，你有什么感受呢？"

就在他回答这个问题的过程中，我为自己争取到了整理思路的时间。等他回答完了，我的思路也完全明朗了。

在讲话的过程中，如果台下的议论声影响到了你，你就可以采取随机提问的方法，让台下的听众将他们讨论的问题提出来，然后做出解答，这样他们也就不会再私下议论了。

提问互动是一种让嘈杂的现场安静下来的有效方法，大家会对你突如其来的提问产生警惕，他们会想"千万不要问到我的时候我答不上来"。这样的心理一产生，现场自然就安静下来了。

面对即兴讲话时的意外和尴尬，首先我们要找到发生意外的根源，然后有针对性地用不同的策略来应对。比如，讲话过程中突然思维混乱，这属于内因产生的意外，这时我们可以在所讲内容的基础上添加合理的肢体语言，以此来拖延时间或是采用提问互动的方式重新整理思路。

讲话过程中，当出现外因产生的意外时，比如现场有人不断插话，有人来回走动，器材故障或其他你无法想到的外部因素，你就要根据意外事件顺水推舟地一一加以应对。

不论面对内因还是外因产生的意外，我们需要做的第一件事就是用故作镇定稳住气场，不要让意外打破已经建立好的讲话气场，从容解决突然发生的问题。

发散练习：

设计一些有发现感的提问，以防自己在演讲中卡壳。

04

场景化表达:

让任何场合都是你的主场

JIXINGBIAODALI

ZhuaZhu
GaiBian
RenSheng
De
SanFenZhong

◇

聚会饭局: 不擅言辞, 也能拿回谈话主动权

　　因为工作的关系, 我经常会参加一些饭局。据我观察, 不管在什么饭局上, 总会有一两个人看起来特别开朗。他们谈天说地, 俨然是聚会的主角一般; 也总会有那么一两个人看起来很内向, 一直不怎么说话。有时候, 他们遇到自己感兴趣的话题时, 刚想说一两句话, 又被别人抢走了话题, 于是只能作罢。

　　其实, 说话多少和是否掌握饭局谈话的主动权, 这二者之间没有必然的联系。谈话时, 表达是否适当, 是否说到重点, 这才是最重要的。

　　接下来, 我将罗列出一些不同类型的聚会, 通过对不同场景中可能遇到的问题进行分析, 然后采用各个击破的方式, 帮助你把话说到点子上, 同时拿回饭局谈话的主动权。

一、同学聚会

说到同学聚会，我们最怕但最常遇见的问题就是——同学之间的互相攀比和炫耀。

同学聚会时，我们经常可以看到某位同学突然大包大揽地说："今天聚会的费用包在我身上。"

这样的话语很容易让其他同学感到不平衡，使得好好的一场同学聚会变得不再那么单纯。

遇到这种情况，最好的办法就是转移话题。

多年前，我参加了一场初中同学的聚会。大家刚开始还聊得有滋有味，话题大都是上学时发生的趣事，气氛十分活跃。

酒过三巡，有人开始问大家现在的发展情况。于是，大家就不可避免地触及类似"收入"这样的隐私话题：

"我年收入不多，也就几十万。"

"才那么点儿啊，还没过百万呢？"

慢慢地，大家就开始攀比了起来。

可能有些人的实际收入并没那么多，可是他们为了自己的面子只能夸大自己的收入。接下来，气氛就变了，大家逐渐觉得同学会人心浮躁，没上学时那么单纯了。

这时，我的一位同学出来打圆场，他对其中一位同学说："哎，我记得上学那会儿你可是咱们班的'富二代'啊，你是家里最早有小霸王游戏机的，我还经常去你家玩呢。"

这句话勾起了这位同学的回忆，他说："你还好意思说这事？你一来我家玩游戏，就没完没了，最后还把我游戏的手柄弄坏了，当时不知道我有多心疼啊。"

然后，大家又顺着这件事开始聊起一些有趣的往事，这才岔开了之前的尴尬话题。

我建议大家在同学聚会时多聊聊发生在学生时代的有趣话题，尽量少聊现在和将来。如果是出于关心，那没有什么问题，但一旦感觉有炫耀和攀比的苗头出现，那就立即打住，适可而止。

毕竟，毕业多年后再相聚，同学之间在发展上一定会有差距，越是大谈特谈收入地位等话题，就越容易引发攀比，让话题变得尴尬。而且，如果你们现在没有共事，职业差别又很大的话，大家聊起现在也难以产生共鸣。而找不到共同话题，就很容易出现冷场的情况。

所以，我们应当尽量多去聊一些刻印在大家记忆深处的往事，比如说一起考大学、同心协力完成某项工作、宿舍趣事之类的事情，这样会让大家在感情上重新建立起联系。

二、同事聚会

同事聚会上，最容易出现的问题就是新同事之间因为初次相识而导致无话可聊，或着大家聊着聊着就聊到一些比较隐私的话题，导致气氛尴尬。

关于这种情况，可以通过以下两种办法解决：

（1）在彼此的自我介绍之中找共同点，以此发起话题；

（2）避免聊隐私话题。

同事关系较为特殊，因为可能会有利益冲突，所以相处方式和普通朋友不同，在谈话过程中也不可避免地会有一些禁忌。

如果你和对方的工作内容不一样，就不要深层次地聊自己的工作内容，可以泛泛而谈；也不要聊其他同事的坏话，毕竟人多嘴杂，会引起不必要的麻烦。

注意，尽量不要抱怨工作中的苦闷以及不快，因为负面信息对工作气氛非常不利；同时也要注意，不要聊太过隐私的话题，比如说对方收入多少、个人感情之类的话题。

三、应酬聚会

应酬聚会中最难应付的莫过于劝酒。

这一点，相信大家都深有体会。就像常说的那句劝酒词："感情深，一口闷；感情浅，舔一舔。"很多人一遇到这样的话，就不知道如何处理了。

参加这样的聚会，本身已经带有很强的功利性了，所以你在被劝酒的时候就不能太直接或太生硬地拒绝对方的劝酒，一切都要以真诚地希望促成双方合作为前提，这样才能达成预期的目标。

我在实际生活中，通常会用以下两种方法来"挡酒"，希望对大家有所帮助。

（1）用展示才艺来引开对方的注意力；

（2）降低别人对你酒量的预期。

比如，你的客户是一个非常喜欢喝酒的人，那么你在促成合作时就要陪他喝得开心，但是你酒量不行怎么办呢？这就要使用迂回战术了——你可以在自己适量喝一些的情况下转移关注点来回避问题，同时让对方不伤面子。

我的同事就很会应对这样的场合。他每逢参加聚会，一开始就会摆明态度，真诚地说："各位老总，我平时是个不怎么喝酒的人，但今天有幸与你们相识，真的是难得的缘分。这杯酒我敬各位，我全干了。接下来，我就真的不能再喝了。"

说完，他一饮而尽。当再有人要向他敬酒时，他还是那句话："我是真的不能喝了，再喝就回不了家了。这样，我喝一半，你就别喝了。"

他这样的话语，既体现了自己的真诚，又给对方留足了面子，对方当然不好意思再继续劝酒了。

要格外注意，你的态度必须真诚，如此才能通过不断重复加深自我防御。这个分寸和节奏很难掌握，你不仅要重复提示对方自己不会喝酒，还要给对方留面子。只有这样，我们才能在清醒的状态下掌控对话的走向。

综合以上不同场合的说话技巧，我们只需要重点注意以下三点即可：

（1）同学聚会中，要避免攀比和炫耀，多谈过去的美好记忆；

（2）同事聚会中，要避免多谈自己的实际工作，不谈隐私，不嚼舌根，不抱怨工作苦闷，多聊聊生活中有趣的故事；

（3）参加应酬时，要学会酒桌话术，学会合理拒绝，让自己时刻保持清醒。

发散练习：

分享一个你在聚会中发现的自己或者身边人的挡酒小技巧。

电梯演讲：一分钟也能说得有趣、有料、有水平

"电梯演讲"指的是在短时间内完成的演讲，演讲者可以直奔主题。

有科学研究证明，每个人保持专注的时间大约只有30秒，你只有在30秒内引起对方的关注，表达出自己的主要观点，才有可能和对方进一步接触。

电梯演讲适用于任何场合，其实质目的就是在最短的时间内展示最吸引人的观点和信息。

我的朋友要去参加一个面试，等电梯时，他刚好遇见了主面试官。他当时想着可以跟面试官先聊一聊，表达一下自己特别想来这家公司工作的心愿。但当他在心里反复酝酿，刚要开口说话，电梯到了。如此，他错过了一次邂逅交谈的好机会。

那么，如何在短时间内讲得有趣、有料、有水平呢？我总结了以下三个方法：

一是语出惊人，引人好奇；二是化繁为简，用短小精悍的事例证明；三是适可而止。

用三个字来概括就是——惊、精、止。

一、惊——语出惊人，引人好奇

短时间的演讲一定要长话短说，而长话短说一定要注意——瞬间抓住对方的注意力。

我经常遇到向我推销产品的销售员，他们在介绍产品时，总是说个不停，听得我很烦。他们的营销话语繁琐复杂，一点儿都不能激发我的购买欲望；或者说得笼统至极，听完之后，我都不知所云。比如，我遇到的空调销售员，他们常常会说："我们的空调可以帮你节省电费。"但这样的话语显然笼统而不明确，因为我压根不知道如果我使用这款空调一天到底能省多少电费，或者是一年能省多少电费。

我也常常会见到这样的推销员，他们上来就会告诉我："我们公司能给您提供最好的服务""我们是业界领先的，最一流的"……这样的表述会让我非常吃惊，因为我震惊于他们的自信，有时候会认为他们这是在说空话，一点儿说服力都没有。

电梯演讲，开口就得吸引人。

这么多年，唯一打动过我的销售员是一个在路边卖袜子的人。在他的推销下，我买了许多袜子。

他开口第一句话是："先生，我的袜子可以让你穿十年，不变形，不掉色，不会穿破而且不怕火烤，崭新如初。"

他这一句话就引发了我的好奇心，但我不相信世界上会有这种袜子。他看我迟疑了，就迅速掏出袜子："不信你和我来使劲撕这双袜子，看能不能撕破。"

我用了很大的力气也没有撕破那双袜子。销售员还用打火机烧这双袜子，结果一点儿事都没有。当然，我事后知道了火烤袜子是有技巧的，但我当时确实被震撼到了，当即买了一堆袜子。

在限定的时间内讲话，一定要做到语出惊人，瞬间抓住人心。袜子销售员开口的第一句话就抓住了我的注意力。他和其他销售员最大的不同是，他说出了能给我带来什么样的体验，并且放大了该产品的优点，而且没有一句废话，直接用行动证明了这双袜子的优点。

事实上，没有谁会真的一双袜子穿十年，但恰恰就是这点才会让人忍不住想知道，这双袜子真有这样的特性吗？还是销售员在骗人？

如果他骗人的话，那我一定要戳穿他。但是不管怎样，他都勾起了客户的好奇心，而正是这样的好奇心才让他和客户之间有了后续交流。

再比如，我刚才说的那位等电梯时遇到面试官的朋友，如果他能说一句："我特别想在贵公司工作，而且我带来了我的方案，我相信这可以让公司的客户量比现在增加十倍。"我想，没有哪个人事主管不好奇你说的方案到底是什么。

可能这时你要问了，我如果不能带来那么大的价值，也要这样夸大其词吗？没错，你也要这么说。但要记住，你不能让对方感觉你在胡说八道，你的语出惊人一定是在你可以做到的最大限度的基础之上的适当夸张。

在这里，你要掌握好度，要不然对方会很快结束谈话。

在短时间内讲话，你必须得让对方有兴趣听你说下去，所以要夸张放大自己的优势是必须的。也许你给对方带来不了那么大的价值，那起码你也有机会向他表达你能做到些什么，也就不会白白错过这一次机会了。

二、精——化繁为简，用短小精悍的事例来证明

关于这类事例，需要从对方的需求中寻找。你需要向对方讲出在你身上发生过的并且给你带来了好处的事例，讲述的目的是要让对方意识到——它同样也能给自己带来好处。

当你抓住对方的好奇心之后，就可以开始引用事例了。一般来说，你最好讲一个"一波一折"的短故事。

举个例子，Uber（优步）创始人卡拉尼克是这样描述Uber的。他说："你只要按下一个键，就会有一辆车来接你。"

你可以将这句话加工成一个短故事：我之前用别的软件叫车，半个小时都无法叫到。昨天，我在Uber上按下了一个键，就有一辆奔驰车在五分钟之内来接我了，而且比普通车便宜一半。

如果你正在做Uber的推广业务，讲这样一个短小精悍的事例，或许合作方就愿意与你进一步接触。

我在参加《超级演说家》比赛的时候，有一个环节是要求做一次90秒即兴演讲。当时，我接到的题目是"婚礼致辞"——这是比赛中最关键的一个环节，决定着我是否可以直接晋级决赛。如果我当时所讲的婚礼致辞是一般的祝福话语，那是一定没办法抓住评委们的心的。

幸好，我刚来北京时一直在做婚礼主持人，有着大量的故事素材。所以，在这场比赛里，我讲了一对新人波折重重的爱情故事——他们从上学时就互生爱慕之心，但一直不敢表白，直到最后男生终于克服种种困难表白成功。

这样鲜活接地气的讲述方式，一下子就抓住了评委们的心，也让我成功晋级。

我之所以要讲这个事例，是想要告诉大家：

在比赛中，所有的观众都是我们的客户，你要在90秒的时间内将这个故事讲到动听、动人，让大家觉得很有意思，这样才能突围而出。

所以，短时间内的故事铺垫不宜过多，要直接讲核心矛盾，简单清晰。

同时，就算是一分钟的电梯演讲，也同样需要我们平时善于观察，并积累自己的素材库，这样我们才能在短短一分钟时间内找到合适的故事素材，并进行有效表达。

即兴演讲不是真的即兴，只有平时积累足够多，才可以做到张口就来。

三、止——要学会适可而止

我们在做短时间讲话时，不能只顾着自说自话，也要注意对方的反馈。

也许，你刚开始没有找准对方的需求点，那就需要在接下来的沟通中去寻找对方真正需要什么，并适时调整接下来要讲的事例。

当你和客户进行短暂沟通时，你可能已经表达了你能给对方带来什么样的价值，但这也许并不是对方迫切想要的，这时，我们就要学会适可而止。

电梯演讲原本就非常有挑战性，所以，你要确保你的发言可以勾起对方的好奇心，引导他们进一步询问或提出更深层次的问题。

比如你是一个创业者，你在某次活动中遇到了一名潜在的投资者，你需要做一个电梯演讲。如果你这样说："我们这个项目很赚钱，我可以确保你在一年之内就能赚回一个亿。"

虽然这样说没有太大的错误，但对于有些投资者来说，虽然赚钱也很重要，但他们更加看重的是创业者的长远发展，而并非急于赚到眼前的快钱。

这时，你就应当注意倾听对方的想法，并在了解对方的想法后再次开始你的演讲。你要告诉对方你可以解决他忧心的问题，并抛出一部分具体的解决方案。注意，不要全盘托出，而是要留有余地，要让你的潜在投资者感到意犹未尽。

但这并不意味着你所讲的内容就一定要短小，具体情况要具体分析，适时地采用"欲说还休"的方法，往往更能刺激人们听下去的欲望。

能撩动人心的电梯演讲绝不是一气呵成的，你应该知道——没有任何合作是靠一次电梯演讲就能促成的——它只是为迎接下一次的深入沟通所作的预演而已。

发散练习：

讲述一次你遇到的电梯演讲事件，并分析一下哪里做得不到位。

开场主持：不说套话，该说些什么

在生活和工作中，我们常常会参加各种各样的活动，年会也好，会议也好，在这些活动中，往往会有一个主持人做开场主持。

如果你是活动主持人的话，你要如何进行开场呢？

我曾经参加过一次活动，活动的主持人看起来像是被领导临时委派的，他拿着主持词一直在念，并且念的都是不知道从哪里抄过来的套话：

辞旧迎新，2019年已经挥手向我们告别；欢歌笑语，2020年正伴着春潮滚滚而来。春天带来了生机，春天蕴含着希望，我们在春天播下希望的种子，在春天勾勒美丽的蓝图……

我当时就感叹，春节晚会的主持方式真是影响着一代又一代的人，把人们固化成了无论在什么活动开场时都是这样一副腔调。就好像如果不这样开场的话，这个活动根本就没开始一般。

那么，我们该如何才能不落窠臼、打破传统，让开场主持变得更加生活化，更加有趣味呢？

开场主持一般由三部分组成：自我介绍、活动主题、嘉宾介绍。

一、自我介绍版块

这里就要用到之前讲到过的有趣味性地介绍自己的名字的方法。如果这个场合不是很正式的话，那么将大家都熟知的事物巧妙地"镶嵌"到自己的名字中，采用谐音的方式介绍自己的名字，也不失为一个好方法。

如果是比较正式的场合，那么用常规的介绍方式即可：大家好，我的名字叫作×××，很高兴今天能主持这场活动。

二、活动主题版块

一定要记住，做开场白时，千万不要因为太想调动现场气氛就拿腔动调。要想开场与众不同，就要在表达方式上下功夫。因为如果你一开始就将调门起得过高，而接下来所讲的内容又无法支撑这个高调门，就会显得很尴尬。同时也会显得很空洞，没法与听众做有效交流。

那么，怎样才能在开场时说得不空洞，又能调动起听众的热情呢？

首先，要做充分的准备。**你要明确这次活动的主题，自我介绍结束后，接下来你所说的话要紧扣主题，最好引入故事。**

我以前经常会主持一些庆功宴，遇到这种活动时，我的整个主题就要围绕着演出本身展开了。

其实类似的开场很简单，就是讲我们的这个演出项目在最初遇到了什么困难，又怎么迎难而上，最终又取得了圆满成功。

在讲述的过程中，我会添加一些有趣的案例，让整个表达更有趣味性。

三、嘉宾介绍版块

一般来说，根据活动主题和性质，邀请的嘉宾也会有所不同。

我大致将嘉宾分为两类，在不同情况下，我们介绍嘉宾时的方式也不同：

第一类，邀请嘉宾出席活动，是为了给活动造势，不涉及具体的发言和事项。比如一些产品的新品发布会会邀请一些网红、流量明星来撑场子、造势。

这时候，你就可以直接介绍嘉宾的头衔。在介绍嘉宾的头衔时，我们需要介绍嘉宾的先后顺序，这通常会有一个很长的来宾名单。这个时候你要注意，一定要核对好嘉宾的先后顺序。

要知道，如果出错了，观众只会怪罪主持人，而不会怪罪给你写名单的人。

第二类，这类嘉宾往往对活动有着特定的意义，活动方也会安排他做重要发言。比如一些公益性质的活动，可能就会邀请一些致力于公益事业的企业家、公益传播者出席。

介绍这类嘉宾时，我建议在嘉宾身上找一个和活动主题相关的故事，通过讲故事的方式来引出他们，这样会更有感染力。

如果你还没有过主持的经历，当你有这样的机会时，希望你自告奋勇体验一下掌控全场的感觉，相信这会是很好的个人成长机会。

发散练习：

运用上述方法，做一次小型活动的开场主持。

会议发言：正式场合轻松说，说出你的竞争力

在职场中，我们一定会需要做当众发言，这不仅是你和同事沟通交流、解决问题的契机，更是你向领导展现自己的业务能力和沟通能力的大好机会。

我们在公司开会时，常常会遇到这样的情况：

领导需要一个解决方案，你的同事给出了一个方案。但你并不赞同他，于是你会说："我不同意这个方案，你这是在做无用功，不仅解决不了问题，还会浪费大家的时间。"

这样直接的拒绝，你的同事听后肯定会毫不犹豫地反驳："你怎么知道我是在做无用功？都没有去尝试一下，怎么就知道不行呢？你倒是提出更好的方案啊。"

这样，会议便成了吵架的场所，最后不但不会解决问题，还会浪费大量的时间。

职场会议中，大家通常会有三个困惑的地方：

（1）如何应对会议发言中的意见不合；

（2）如何用巧妙的语言化解与领导之间的危机；

（3）如何在会议中有技巧地向领导提要求、要资源。

针对这三个问题，我会为大家提供一些解决方案，让你既能获得领导的赏识和同事的尊重，还会为自己带来更好的工作机会。

一、如何巧妙地避开因意见不合而引发的争执

工作会议的种类有很多，例如每周的例会、小组会议，年度会议等。

通常情况下，每周例会的会议内容是总结上周的工作，解决工作中发生的问题，并制订本周的工作计划。

在会议发言中提出问题和解决方案时，必然会产生意见不合的情况。那么，如何巧妙地避开因意见不合而引发的争执呢？

这就需要我们在发表意见时做到"三要三不要"。

1. 要指出具体问题，不要说泼冷水的话

刚才举的那个例子毫无疑问就是在给同事泼冷水，这在职场中是大忌。即便你觉得对方提出的解决方案有问题，最好也不要直接提出反对意见。你应该先去肯定对方方案里的优点，然后再提出自己的疑问。

这就要用到之前内容中所讲到的"欲抑先扬"的表达方式了。

你可以这样说："这个方案非常好，可以弥补一些不必要的损失。但是，后期跟进的人员要从哪来呢？而且，就算人员问题解决了，后期还是需要花大量的时间去跟进这件事，时间成本问题又该如何解决呢？"

这样，你就可以把问题抛给对方。如果对方无法给出一个更有说服力的解决方案，那你就可以提出自己的方案了。这样既可以避免不必要的争吵，还能让会议顺利地进行下去。

2.要点到为止，不要一直追问

在向同事抛出问题时，一定要点到为止。如果对方已经根据你的提问给出了解决方案，而你又不断在对方的回答中寻找漏洞，就会令对方越来越难堪。

在开会时，要学会照顾别人的感受和情绪。请你换位思考一下，如果一个人老是穷追不舍地向你提问，你会对他有好印象吗？所以，要学会适可而止，即使对方的回答确实存在问题，也要让其他同事提出质疑，你就不要一直追问下去了。否则，这种穷追不舍的追问会让对方感觉你是在故意挑刺儿，跟他过不去。

3. 要经得起推敲，不要说"没有营养"的反对

一般来说，一味赞成别人的发言，只能体现出你的发言是在附和别人，没有多少"含金量"。在发表反对意见时，必须要有独到的见解，并且要经得起推敲。

要知道，你可以在会议上提出反对意见，别人也有权利这样对待你。如果你给出的方案漏洞百出，被各种质疑，而你也提不出具体的解决方案，就会非常尴尬。

二、如何用巧妙的语言化解与领导之间的危机

1. 面对批评，先接受，再处理

比如说，你因为上周的工作失误拖延了时间，遭到了领导的批评："你的工作是怎么做的？我让你早点通知大家到现场，可结果呢，你让客户足足等了半个小时，你耽误了大事，知道吗？"

如果你这样说："当时是这样的，我本来在群里发了通知，只是他们没有及时看到，所以才会发生这样的事情……"

类似这样的辩解不仅于事无补，反而会让你的上司觉得你是在找借口，这种做法会使你和领导之间的关系愈加恶化。所以，即便你真的有充足的理由，也不要在这个时候辩解。这时候，你只需要专心道歉就可以了。只有这样，领导才会感觉他的批评有意义。

等到会议结束后，领导的情绪稳定下来了，你再跟他解释，你的谦虚和诚恳就会给他留下深刻的印象，他对你的好感也会增加。

2.面对不合理的工作安排，要学会巧妙拒绝

当你做完上周的工作后，上司本来要布置本周的工作计划。但是你的上司却突然要求你出差，而你现在还有之前留下的工作要做。这时候，你是该拒绝呢？还是碍于情面勉强答应下来呢？

如果你答应了，因为忙不过来，可能这两项工作都不会做好。这个时候，你就要学会巧妙地拒绝，既不要使自己感到尴尬，也不要使领导感觉到你辜负了他的信任。

你首先要表示出你对这项工作的重视，然后再表明你的遗憾，并具体阐述自己为什么不能去出差的原因。充足的理由加上诚恳的态度，肯定会得到领导的谅解。

如果这时，你的领导还是坚持非你不可，那你就不能再拒绝了，你可以在不伤害感情的情况下跟领导商量对策。比如你可以这样说："如果是这样的话，请给我一天时间，等我安排好手头上的事情，然后再出差，可以吗？或者，我还可以推荐一位和我实力相当的同事来做这件事，如果他在工作中有任何问题，我都会协助他，帮他出谋划策，这点请您放心。"

这样一来，你的领导一定会理解和信任你的。

三、如何在会议中向领导有技巧地提要求、要资源

在会议中向领导提要求，如果表达不当，很可能会给领导留下不好的印象，影响以后的工作。但当你认为自己的要求必须要向领导提的时候，就需要抓住时机，有技巧地提出要求。

举一个例子，我的一个朋友在一家房地产公司做别墅的销售工作，她觉得公司的团建活动没有意思。于是，在一次会议中，她问经理："我想问，我们组的销售额达到多少，您才能带我们去巴厘岛搞一次团建呢？"

当时，所有员工都愣住了，因为之前从来没有人提出过这样的要求。经理从前也没有遇到过这样的问题。他先是惊讶地看着我这位朋友，然后想了想说："如果你们在月底之前卖出30套别墅的话，我就带大家去巴厘岛度假。"

这个答案让大家非常兴奋，在接下来的一个月中，所有人都干劲十足，并且轻松地完成了经理所定的目标。经理也兑现了承诺，带着销售别墅的全组人员在巴厘岛愉快地玩了四天。

在下一次会议中，这位经理又提出了新的目标。于是，大家又开始了新一轮的销售，并且圆满完成任务，全组出国旅游两周。

后来，我这位朋友因为在工作中的出色表现和善于向上司提要求而得到了公司上下的一片赞扬，很快被晋升为经理。

她的秘诀就是，如果想让对方满足自己的要求，最好的方法不是先向对方提要求，而是想办法让对方先来要求你。

掌握好以上提要求的技巧，你不仅能够得到自己想要的东西，而且还会让别人对你刮目相看。

在会议发言中，我们与他人意见不同时，要做到三不要：

不要泼冷水，不要一直追问，不要提"没营养"的反对意见。

在面对领导批评时，不要马上辩解，要学会迂回战术；面对无法胜任的工作要求，要学会合理巧妙拒绝。

同时，我们也要敢于向领导提要求，要学会在满足自己要求的同时，想办法让对方先来要求你。

发散练习：

回忆一下，你在发言时有没有过表达不得体的情况，如果以后有类似情况，结合这节所学，思考一下自己该怎么解决。

竞聘述职：让任何岗位都非你莫属

我的一个朋友在国有企业里做HR（Human Resource，人力资源顾问），他每年都会代表公司招聘一些刚毕业的大学生。有一次，他跟我抱怨说，他最烦的就是许多前来求职面试的大学生不是太过啰嗦，就是答非所问，让人不胜其烦。

某次，他问一个前来面试的大学生："听说你当过学生会干部，那么你都组织过哪些活动？"

这位同学回答："我当时进入生活部就是想锻炼一下，我先从组员开始干……"

这位同学滔滔不绝地将自己如何当上部长的奋斗过程说了整整三分钟，依然没有讲到他在当部长期间组织过什么活动。

我问朋友："你们在招人时通常会注重些什么？"

他说："很多大学生上来就汇报自己在学校时的成绩单，可是成绩单我们随时都能看到。他们在讲述自己的经历时都不讲重点，而是将前因后果描述得特别详细，但我们并不想听这些。我们想听到你是怎么努力的，都取得了什么样的成果，做过之后有何感想，有没有相关专业的实习经验等。我们需要看到的是一个人的沟通能力和学习能力，而不是他们一板一眼汇报的那些琐事。"

大部分人在求职时都会犯这样的错误，而且说得特别散，表达的重点也不够突出。那怎样才能做好一个竞聘述职的讲话呢？

其实并不难，我们只需要在竞聘演讲中讲好过去、现在、将来三个部分的内容，便能让面试官快速了解你。

一、讲过去

所谓过去，就是在竞聘讲话时，你要用过去取得的成绩来证明你的能力。在讲述成绩时，你要筛选出对本次竞聘有重要推动力的事迹来介绍，重点讲取得这个成绩的过程，不要只讲结果，讲述的过程中一定要有故事性。

在电视剧《小儿难养》中，小宋佳扮演的女主角曾有过一段竞聘述职。在开始时，她讲了自己抚养孩子的故事，非常有代入感。

在剧中，她是这样说的：

"我今天竞聘的演讲主题，可能跟这次的演讲主题没什么关系，我想跟大家聊聊我的儿子。我的儿子叫小宝，除了吃喝拉撒，什么都不会，所以他什么都得我手把手地教。他甚至连抓痒都不会——他没法做到将手指头弯曲起来挠痒痒，而是用小巴掌笨拙地拍。

"2006年，我大学毕业，也是在这一年，我进入了'微普公司'。刚进微普的我就像一个新生的婴儿，除了基本的生存技能外，什么都不懂，甚至不知道市场部是做什么的。当时，我还以为市场部就是在商场里卖卖电脑和打印机呢！好在，'有苗不愁长'，转眼间七年过去了，我已经脱胎换骨，不再是曾经的那个'小婴儿'了。我成了一个每天脸上涂七八层化妆品，不涂指甲油就像没穿衣服，只背名牌包，说中文时蹦英语单词，没有耐心听音乐会，走路都在发微信和讲电话，视加班为常态，视带孩子为'赠送时间'的'大白领'，而且这个大白领还有一个外号，叫作'女小强'。

　　"可我竟然喜欢这样的自己。我爱微普就像我爱儿子。我喜欢这份工作带给我的劳累和挫折、委屈和希望。我所经历的一切在座每个人可能都比我清楚。在我生下孩子后，许多人都开始质疑我，他们怀疑我没有从'一孕傻三年'的咒语中解脱出来。但无论失意还是得意，我从来都没把自己当外人，我始终是微普的孩子。我不停地提醒我自己，不要只允许我自己'嗨'，我还要接受自己的'颓'，因为人在这个世界上要学习平衡。所以，我今天竞聘的主题是：'市场部的平衡术——市场主导型企业中产品的对抗与融合'。"

　　她的竞聘演讲，看起来好像在讲一个和工作没有关系的故事，但经过分析就会发现，她没有说一句废话，发发"炮弹"直击要害，全都是在为接下来要讲的主题做铺垫：

　　一开始，她先说了自己的孩子刚出生时什么也不会，然后代入到她自己初入职场时同孩子一样，也什么都不会。接下来，她讲述了自己进入微普这七年间，从职场"女小白"到"女小强"的转变。故事"一波一折"，有对比，有反差，又通过讲述自己的切身经历，增强了故事的代入感。

　　她还为这个故事提炼了一个核心观点，那就是一个在职场中生了孩子的妈妈，在兼顾家庭和事业时要学会平衡术。她讲述这个故事还有一个目的，就是告诉大家她在之前的工作中是取得过好成绩的。而且，这个故事中隐含了大量信息，在不知不觉中就打动了面试官。

她在最后向面试官表示："我爱微普，就像我爱儿子。"

这是一个首尾呼应的方法，既表达出了她对工作的热爱，又巧妙地暗示了：大家不用担心和质疑，我在照顾家庭的同时可以兼顾工作，我现在已经学会了平衡好这一切。

如此一来，她就打消了所有人的顾虑，然后正式进入主题演讲。

通过这个例子，我们可以总结出在讲"过去"时应该注意的三个要点：

（1）入职前后你最直观的改变，这包括你自身的变化和业务能力的提升；

（2）这份工作赋予你的意义；

（3）你所取得的成绩。

二、讲现在和将来

我将现在和将来放在一起讲的原因，是因为二者之间的联系较为紧密。

在竞聘述职时，讲"现在"是说出现在发生了事情，讲"将来"则是告诉大家针对这个问题，你上任后要怎么解决。关于这些，讲得越具体越好，要让听众感觉到你有解决这些问题的信心和勇气。这个时候，若是你讲话语气笃定，无疑会更有竞争力。

我有一个学员在银行工作，她是一个非常有能力的人。最近，她要竞聘银行个人客户经理，让我帮她看一下竞聘演讲稿。

她最初的讲稿是这样的：

如果这次我竞聘成功，我会这样做：

（1）我要尽快适应岗位的转换，首先是业务技能的掌握，其次是营销技能。我知道，客户经理不单要提供优质的服务，还要做好营销。

（2）积极挖掘客户源。一是积极寻找信誉好、实力雄厚的开发商作为按揭合作伙伴，通过优质服务，抢占个人住房贷款市场，加强与公司的联系；二是重视二手房的贷款发放工作。

（3）加大新老产品扩张力度。各行之间激烈的竞争，促使我们要做好现有产品营销，不断推出新产品，以适应市场的需求。

（4）加强客户关系的维护。客户分类管理是客户经理从事客户管理的主要内容。

以上竞聘演讲只是说出了自己将来任职后会怎么做，但并没有讲出现在具体出现了什么问题，我将要具体怎么解决。后来，通过层层引导，我帮她找到了每一条的核心要点，完善了她的竞聘讲稿。

改后的讲稿如下：

（1）我要尽快适应岗位转换。首先要做的是业务技能的熟练掌握，因为如果不熟悉业务知识，任何服务和营销将无从谈起。

其次是营销的技能的提升，我们每天都会面对形形色色的客户，要善于和他们进行广泛的沟通与交流，洞察客户的想法，为其提供满意的服务。我们现在问题就是与客户的合作只停留在"饭局公关"上，而客户经理与客户的关系不仅是业务关系，更是一种人与人的关系。

客户经理的服务要有创意，要走在客户的前面。在这一理念的指导下，通过对业务的学习和对市场行情的准确把握，为客户提供合理建议。客户关系营销实质是一种经营理念上的超越，反映了一种新型的营销文化，从本质上体现了对"以客户为中心"理念的认同，而不是骨子里仍残留着的"以自我为中心"的优越感。

这种营销，既需要我们立足当前，更着眼于未来——善待客户，就是善待自己；提升客户价值，就是提升自我价值。

（2）积极挖掘客户源。一是主动积极寻找信誉好、实力雄厚的开发商作为按揭合作伙伴，通过优质服务，抢占个人住房贷款市场，加强与开发公司的联系。二是重视二手房的贷款发放工作。目前，我市二手房贷款市场需求还处于旺盛时期。三是将营业用房抵押作为个人贷款的突破口，寻求量的迅速扩张。

（3）加大新老产品扩张力度。各行之间激烈的竞争，促使我们要做好现有产品营销，不断推出新产品，以适应市场的需求。具体如下：

①加大对风险小的存单质押贷款的宣传力度，确保随到随办。

②走访行政事业单位，摸清具有贷款需求而又有还款能力的人员情况，主动出击，扩大信用贷款市场。

③目前，我市的汽车消费贷款方兴未艾，而中国银行已捷足先登，我们要迎头赶上，加强汽车销售商的联合，打造出我行的品牌。

（4）加强客户关系的维护。客户分类管理是客户经理从事客户管理的主要内容。按投入与产出相匹配的原则，对不同的客户实施不同的管理策略，真正做到有的放矢。如今，金融市场的竞争尤为激烈，各种不确定因素的存在，要求我们不断加强与客户的联络，与客户之间建立深厚的感情，只有这样，才能保证营销工作旺盛的生命力。

改后的讲稿中，她对每一条问题都给出了切实的解决方案，从个人的业务如何提升到市场上面临的问题，再到与客户之间的关系，问题分析全面而具体，没有一句空话，显然很有说服力。

综上所述,我们在讲"现在"和"将来"时,一定要抓住重点:

(1)讲话要笃定,才有说服力;

(2)提出问题要实际,不说空话,才有可信度;

(3)解决方案要具体,才有竞争力。

总结一下,竞聘述职时,讲"过去"时要挑对所竞聘的职务有推动力的事例来讲,讲"现在"和"将来"时则要精准找到现存的问题以及将来会面临什么样的问题,并且,在制订解决计划时要能勾起听众对计划的好奇心。

最重要的是,我们要针对这些问题,拿出非常具体的解决方案。做到这些的话,我想你在竞聘任何职务时一定能够脱颖而出,让任何岗位都非你莫属。

发散练习:

根据你自己的职场目标,提前准备一段竞聘述职的演讲稿。

客户谈判：如何在博弈中获取更多

我的一位女性朋友喜欢去美容院。大家都知道，大部分美容院都有一个通病——美容师会不断向客人推销其他服务，好让客人继续消费。

我的朋友就非常愤慨地跟我讲了这样一件事。

有一次，她正在享受美容护理，美容师突然说了一句："您看您的脸上和脖子上有好多疣，这可能是病毒引起的，还可能会传染。"

我的朋友一听特别紧张："那怎么办啊？"

"我们这里有很多医师，您可以让我们这里的医师帮您点掉，不贵，一个50元。"

"一个50元呢，我再考虑考虑吧！"说完以后，朋友就沉默了，但是这位美容师在为她美容的过程中一直在说："这个不处理的话，会越长越多的，它可是有传染性的。"

美容师一再用这样的话术来刺激朋友消费，幸亏我的朋友为人机警，要不然肯定会被美容师吓唬住。

后来，她去正规医院检查了一下，医生是这样说的："这只是正常的皮肤老化现象，30岁左右就会出现，没有任何传染性。你想点掉的话，五块一个。"

我讲这个小故事的目的是要告诉大家，像采用这种吓唬客户的方式进行推销，是最不可取的，同时也是最容易招致客户讨厌的一种方法。这种现象几乎在所有行业都存在，但这绝对不是一个长期可行的方法，可能有些客户会相信你一次，但他们下一次绝不会再相信你的话，后续的合作自然就泡汤了。

其实，与客户的沟通本质上就是一场小型的谈判，而应对谈判，我们用以下四个小技巧就可以解决：

1.用提问的方式了解客户需求，并引导客户向你提问

在与客户谈判时，如果你一直说某一产品，却不问问题，那么你就无法知道客户真正关心的是什么。此时，你给客户的感觉是你在对他进行强迫式推销。这时候，你的客户一定会对你们的产品或者你这个人产生怀疑，他们会觉得你这么着急达成合作，产品一定是有问题的。

客户一旦产生这样的心理，那么你们之间的合作基本无法开展了。要明白，客户之所以愿意和你谈话，是期望你可以在自己擅长的专业方面给出建议。

我们以做美容为例，比如上文中提到的美容师，一上来就直接说出客户皮肤的问题，然后马上建议应该怎样做，这其实就是常见的施压式销售方式，很容易引来客户的不满。

如果她换一种方法，比方说她在做美容的过程中很随意地提出一个问题，类似于"您想让我们帮助您解决您皮肤哪些方面的问题？""这款产品搭配这款产品效果会更好，你是否应该考虑一下呢？""根据您刚才说的，我的理解是……是这样吗？"

从这些提问中，我们就可以更多地了解客户的信息，从而让客户向你主动提出问题，然后再进一步地解答客户的疑惑。客户会因此感到放松和愉快，而轻松愉快的氛围无疑有利于双方进一步的沟通。

2. 话不要说满，要留有余地

在同客户进行更进一步的沟通时，一定要注意不能把话说满，要留有余地。如果客户提出问题说："对于这两款产品，如果都用完的话，一定可以解决我皮肤的问题吗？"如果你的回答是："是的，放心吧，一定可以的。"这就显得太不真诚了。

就算你特别相信自己公司的产品，坚信大多数人用完之后情况会得到改善，也不能把话说太满。不给自己留余地，会让自己处于被动的位置，万一客户用完后并没有完全改善她的皮肤问题，那你们之间的信任就没有了，也就不太可能有后续合作。

其实，我们完全可以换一种说法，比如说你告诉客户用完之后需要根据情况观察，看看是否需要继续使用。类似于这样的模糊性语言显然灵活性更高，适应性更强。

在与客户谈判时，面对复杂的论点，如果我们不能准确判断，那么我们就可以使用这种模糊的语言争取时间，想好对策。

如果客户提出了一些我们很难满足的要求或很难做出的

回答，你就可以这样说："我们会尽快答复你。""我们会再考虑一下。""我最近几天会给你答复的。"这里所用的"尽快""一下""最近几天"都具有灵活性，并留有余地，可以避免因为自己盲目地做出反应而陷入被动局面。

3.充分了解对手，把话说到对方心里

在商业谈判中，有些生意的成功合作是靠关系发展出来的。比如，在同等条件下，我跟谁做都是做，但我和你更投缘，那么我自然会选择和你合作。这就需要你更多地留意生活细节，并学会从中了解对方的兴趣，然后投其所好，这样一来，谈判就容易成功。

我有一个很会谈判的朋友，有一次他在客户那里谈生意，他并没有一开始就直接切入主题，而是说："赵总，我在等您的时候，仔细看了看您的办公室，我以前是从事室内木工装修的，但是我从没见过装修得这么精致的办公室。"

当时，这位赵总眼睛一亮，说："你不提我都把这事情给忘了，这间办公室是我自己设计的，刚装修完时我特别满意，但最近太忙了，我还没时间仔细欣赏一下我这个办公室呢。"

紧接着，我这个朋友用手在木板上摸了一下，说："这个应该是英国的橡木吧？意大利的橡木没有这么好的质地。"

接下来的时间里，这位赵总非常热情地带着我这位朋友参观起了他的办公室，从木质讲到色泽，又从色泽讲到比例，最后还谈到了工艺和价格，以及自己是怎么设计的。

在整个过程中，我的朋友一直保持着微笑，并且时不时地点头赞同，表现得非常有兴致。之后，他们的话题从办公室慢慢延伸到了自己的家庭。直到告别时，两个人都没谈具体的合作事项。但最后，我这个朋友不仅拿到了这单生意，还与赵总结下了深厚的友谊。

4.说出对方的利益，实现共赢

在谈判的过程中，我们一定要明确地说出对方能够获得什么样的利益，这样才能实现共赢。在与客户谈判时，我们不能只求自己的利益，不为对方考虑。反之，我们要主动关心对方的利益，并指出对方的利益所在，使对方感觉到他也是赢家，这样有利于促进双方合作，并实现共赢。

某家公司的主业是贩卖电灯泡，但因为公司新成立，产品还没形成品牌效应，在价格上也不占优势，所以销路不太好。于是，这家公司的董事长亲自到全国各地推销，希望能与各位代理商积极合作，为他们的产品顺利打开销路，全面占领市场。

　　某一天，这位董事长召集了很多代理商家，向他们推荐自己公司的新产品。

　　这位董事长是这样对代理商说的："经过多年的研究与开发，我们公司的这种产品终于可以投产使用了。尽管它称不上为一流的产品，但是我仍然要拜托大家，以一流的产品价格来订购这款产品。"

　　当时，所有代理商听了后都愣住了："你有没有搞错啊？对于这种二流产品，你有什么理由要求我们用一流的价格去购买呢？"

　　这个时候，董事长缓缓地说："我并没有搞错，我们都知道在目前的灯泡制造行业中，全国只有一家公司能够称得上是一流的，并且他们已经从整体上把市场垄断了。那这个时候，即使他们随意提高产品的价格，大家仍然会购买，对不对？假如现在市场上出现了新的产品，品质优良，而且价格也更便宜，对大家来说难道不是一件好事吗？否则大家还是会按照那家厂商开出的高价去购买，然后再经销。这样一来，大家能获得的利润就非常有限了。"

董事长接着说："当年，泰森在拳坛可以说是纵横天下无敌手，由于缺少真正实力相当的对手，使得观众再难看到一场扣人心弦的拳击比赛。目前，灯泡行业也是这样的情况。这个时候，如果出现一家与那家公司实力相当的竞争对手，就会让它降低自己产品的价格，经销商也就能从中获得更多的利润。如此一来，大家就能赚更多的钱。"

就这样，他们之间的谈判在一种愉快而热烈的氛围中顺利结束了，这家灯泡厂也顺理成章地成了最大的赢家。

虽然他们公司的产品质量不是最好的，却要求经销商以最高的价格来购买，这听起来有些不可思议。但更令人匪夷所思的是，这样的要求居然被大家接受了——由此就可以看出利益对人们的巨大诱惑。

究其根本，这位董事长在解决自己公司困境的同时，正是通过让对方也获得更大的利益，才能使自己获得更多。

发散练习：

面对不同客户时，大家可以尝试着使用以上方法，看看是否能够得到更多的合作机会。

婚礼祝辞：以情动人，句句体现高情商

结婚可以说是人生中最重要的一件事情了，而如果你的朋友或者亲人邀请你在他的婚礼上致辞，那足以证明你和新人之间的关系有多么亲密了。

所以，如果你能在这么重要的场合，把给最亲近的人的祝福语讲出水平，讲出感情，讲出氛围，不仅能给到场的宾客留下深刻的印象，也能让新人留下一段美好的回忆。

我们最常听到的婚礼致辞是这样的：

英俊潇洒的你，美丽善良的她，一对佳偶在此喜结良缘；你的勇敢坚强，她的温柔善良，相依相偎走向幸福的明天。祝福新人婚姻美满，快乐安康。

这是婚礼致辞时人们惯用的祝福套话，听起来没什么问题，却让人完全感受不到真心实意。

那究竟怎样才能不落俗套地讲出一段精彩、有记忆点，甚至回忆起来都会让人难以忘怀的婚礼祝辞呢？

我在主持过无数场婚礼后，总结出了一个能让你的婚礼致辞变得特别，并且给人留下深刻印象的万能公式：印象深刻的婚礼致辞 = 关系 + 故事 + 祝福语。

这个公式中的"关系""故事""祝福语"分别对应三个步骤：

（1）致辞时要讲你与新人的关系；

（2）在关系中延伸故事；

（3）在故事中延伸祝福话语。

一、与新人的关系

在婚礼中需要致辞的一般是新人的父亲或母亲，以及证婚人，再者就是特别来宾。在新人双方父母讲话时，一般会由主持人介绍新人父母，这样就可以直接延伸故事。

当你作为证婚人或者特别来宾上台致辞时，就要向大家介绍你和新人之间是什么关系了。在这时，需要表达得具体一些。比如：我和新郎或新娘的关系，和他（她）是怎么认识的，认识多久了，刚认识新人时的感受是什么，等等。

在这里，大多数人经常会犯这样一个错误，他们上台后会直接说："大家好，我是新郎和新娘的同学，在这里祝愿……"这样的表述会显得过于简单，代入感不强。

我们要把我们和新人相识的故事简单地讲一下，比如："我是新郎的朋友，我们第一次相识是在一次面试中，他当时给我的感觉是很热情，很阳光……"用类似这样的表述将关系说清后，接下来的故事就很好延伸了。

二、在关系中延伸故事

这个故事要讲得巧妙，其实主要说的事情还是老生常谈，比如说感谢对方父母，对新人的嘱托，等等。但要怎样换个说法，才能让人觉得别有新意，就很有技术含量了。

举个例子，我在婚礼中见过一个新郎父亲的讲话，很幽默，在幽默中还夹杂着一些感动，现在想起来依然觉得很经典。

这位父亲上台后是这么说的：

"时光荏苒，岁月如梭，一转眼，儿子都要结婚了，我真的有点不太适应。昨天我还在想我们原来是一家人，明天他再回来就成客人了。虽然是客人，但我还是希望他能常回家看看，我非常理解我们亲家老李的心情，我们俗话说：女儿是爸爸的什么？"

　　这时候，台下观众接话："小棉袄！"

　　新郎爸爸接着说："不对，是爸爸的大白菜，爸爸辛辛苦苦种了一棵大白菜，最后怎么啦？"

　　台下观众这时候都笑了："被猪拱了！"

　　"对，被猪拱了，我就是那个养猪的，被一个叫儿媳妇的把整头猪都给我牵跑了，连个猪蹄儿也没留下，临了我还给搭了个猪窝。好吧，既然领走了，就要好好养，饲料要充足，猪窝也要经常打扫打扫，我家的猪特别能吃。所以，今天我还是蛮感慨的，我一直在想婚姻的实质是什么，其实就是找个人回来吵架。如果吵得好，是会有收获的。吵了三十年是什么？是模范夫妻。吵了五十年，你们就能白头偕老。如果吵了一百年，说明你们下辈子还会做夫妻。所以啊，我希望你们慢慢吵，吵到天荒地老。"

　　我们来分析一下，其实新郎的父亲用了我们之前在幽默训练那一节中讲的自嘲的方式，用一句不好听的"好白菜让猪给拱了"来自黑，以此来表达自己可以理解亲家的不舍之情。然后，他把自己的儿子比作猪，自嘲是养猪的，将男方姿态放低。

与此同时，他又表达出"你女儿也牵走了我儿子，我也有点不适应"的意思。其中有句话耐人寻味——"临了我还给搭了个猪窝"，这言外之意就是告诉大家，婚房是男方家长给买的，很幽默地表达出了自己和家人会照顾好亲家的女儿，让亲家放心。

接下来，这位幽默的父亲又用一句"饲料要充足，我家的猪很能吃，猪窝要常打扫"之类的话来嘱托新娘，告诉她也要照顾好自己的儿子。

这个新郎的父亲是从双方家长的角度延伸故事的，虽然故事的叙述性不是很强，但他用打比方的方式讲出了一个简单的故事——儿媳妇抢走我儿子，我儿子也抢走了亲家的女儿——这件事最好的解决办法就是祝愿他们白头到老。

他讲的故事很有新意，虽然意思还是对孩子的不舍和嘱托，但不落窠臼，让人印象深刻。寻常的家长上台后总是会说一些套话，例如："感谢亲家培养出了这么优秀美丽的女儿，你们要互敬互爱，承担起家庭的责任，祝福你们白头偕老……"这种致辞就未免太千篇一律了。

接下来，我再举一个从朋友或亲人的角度发表致辞的例子。我之前主持过一个婚礼，证婚人是新娘和新郎共同的朋友，他在婚礼上是这样致辞的：

"大家好，我和二位新人上中学时就在一起玩了，我们从相识到现在已经整整十五年了。我见证了他们从在一起到今天步入婚礼的殿堂。这十多年来，我也看着他们经历了许多的风风雨雨。他们俩从上大学开始，一直是异国恋的状态。有一天，新郎跑来痛哭流涕地跟我说，他们俩分手了。我当时看着他那可怜的样子，就知道他是深爱着对方的。

"五年时间很快就过了，他们俩在此期间谁也没谈过其他的男女朋友。直到有一天，新娘回国了，我骗他们俩说组织了一个同学聚会，让他们来参加聚会。他们俩做梦也没想到，这次同学会只有他们两人。那天，他们把该说的话也说开了，最终还是选择了在一起。

"他们接下来面临的虽然不再是异国恋，又成了异地恋。

新娘回国后在上海工作，而新郎在北京工作。就这样，他们又经历了三年的异地恋，在京沪之间来回奔波。最后，新郎也来到了上海。

"今天，他们结婚了，我是那个见证他们从在一起到分开再到在一起的人，真是太不容易了。经历过这么多风风雨雨，我想你们一定会更加珍惜现在的美好，虽然在这个过程中遇到了很多困难，但你们都——克服了。在经历过这一切后，想必你们会更加相爱，更加珍惜这段来之不易的爱情。真心祝愿你们携手并肩走完接下来的十年、二十年、三十年、五十年——直到永远！"

这个婚礼致辞就更接地气了，听众听完一定会有所触动，而且会很感动。

最后，我们要从自己讲的故事里延伸出祝福话语。

之前例子中的新郎父亲在讲完那个比喻故事后，马上来了一个转折，提出了一个问题："今天我还是蛮感慨的，我一直在想婚姻的实质是什么？"

接着，他给出了一个很接地气的回答："婚姻就是找一个人回来吵架。"

　　然后，他又根据这个回答延伸出了意味深长的祝福话语：吵得好，就会有收获，吵三十年是模范夫妻，吵五十年白头偕老，吵一百年下辈子还是夫妻。希望你们慢慢吵，吵到天荒地老。

　　新郎父亲所说的这段话，既不是一般的套话，又表达了自己对婚姻独到的见解，是一个完美而又有新意的婚礼祝辞。

　　第二个例子的结尾处，证婚人将一对新人的恋爱故事讲完后，从故事里延伸出了"爱情是需要经过时间考验的"这一观点。关于爱情，他同样提炼出了一个自己的观点，并给予祝福：你们会更加珍惜现在的美好，珍惜这份来之不易的爱情。

　　也许你会觉得，在婚礼中上台讲话的人毕竟是少数。那么，当新人来各桌敬酒时，或是你在婚礼入场时遇到新人了，该说些什么才能不落俗套，用一两句简短的话就能打动人心呢？

　　其实非常简单，这里你需要用到我之前在即兴演讲中提到的：表达自己的感受。我们不用说太多，只需要表达自己在参加这次婚礼的过程中特别感动的一个点，再加一句祝福的话语，就会让新人感觉到温暖。

比如，你刚参加完跨国恋例子中的婚礼，新人向你敬酒，你就可以这样说："我刚听完你们的故事，我很感动。我觉得只有经历过这些，才会懂得什么才是真正的爱情。你们让我对爱情有了重新的认识，我衷心地祝福你们新婚快乐。"

这样说就能避免套话，因为每个人参加婚礼的感受都不同，说出来的祝福语自然也不尽相同。

发散练习：

给你最好的朋友写一段婚礼祝辞。

恋爱沟通：建立"谈资库"，为恋爱加点甜

　　每个人在曾经的青春岁月里，都会留存专属于自己的记忆。那往往是一些关于爱情的主题，青涩又懵懂，患得又患失。

　　我在年轻的时候暗恋过一个姑娘，但那时候的我特别害羞，畏畏缩缩，一直不敢说出口。在后来的年月里，每逢想起，我都会觉得遗憾。再后来，我吸取了教训，又遇到了一个喜欢的姑娘后，然后穷追不舍，甚至还在电视节目中大胆表白，结果还是以失败收场。

　　后来，我对自己数次追求姑娘无果的失败经验进行了总结，发现自己的表达方式有很大问题，我往往只顾表达自己的想法，却没有设身处地站在对方的角度看问题，因而才遭到对方的厌弃。

　　相信很多人和曾经的我一样，和恋人之间因为相互沟通

和表达方式不对，引起了许多不必要的误会；或者是因为二人性格、价值观不同，再加上生活琐事的摩擦，让明明相爱的两个人将对彼此的热情消磨殆尽。

所以，我在结合自己和身边多位朋友的切身经历后，总结出了一些恋爱中的沟通技巧，希望可以帮助到作为读者的你。

我们都知道，爱是需要表达的，但怎样表达才算是恰到好处呢？这是有一定方法和技巧的。

第一大难题：为什么总是觉得对方不够在乎我？

针对这个问题，你可以用共情的方式进行沟通。

我身边的年轻小伙子都说谈恋爱真的太累了，因为女朋友的脾气就像三月的天，令人捉摸不透。

我的一位朋友就职于一家网络公司，他的女朋友是一名自由职业者，在家的时间比较多。某一天，我的朋友下班回到家后，临时又被领导叫回公司处理紧急工作。这时候，已经做好饭的女朋友当然不乐意了："你能不能不那么积极啊？你又不是老板。平时也没看你对我的事这么上心。"

我的朋友说："做员工的也要很努力，这样才有晋升的希望，将来才有可能自己当老板。"他说完就收拾东西，准备回公司。

不料他的女朋友突然爆发了，她歇斯底里地大叫："就你积极，你别回来了！"

其实，在这个例子中，我那位朋友也很委屈，毕竟，他加班是迫不得已。但要明白，他的女友其实只是希望他能够多陪伴自己，多在乎自己一些。归根结底，两个人都没有什么恶意，但她这种吵架式的沟通方式只会加剧矛盾。

如果总是用"你是不是根本就不爱我"这种斗气和指责式的表达进行沟通，只会将你的恋人激怒。如果恋人真的发怒了，你就会认为自己的想法是对的。然而，长此以往，没人会接受这样的沟通方式。

面对这样的情况，我们该如何将自己的想法有效地传达给对方呢？

这时，你就需要用到共情的方法。比如，你可以直接说："我知道你非常爱我，你每天这么辛苦工作都是为了我们的未来。不过，如果你不重视现在的感情培养，我们也不会有未来啊。所以，我希望你能多在乎我一点儿，多花些时间陪陪我，可以吗？"

如此，先向对方表示理解，再在这个基础上向对方提出一定的要求，这样会让你们之间的沟通更加顺畅。

甚至，女生还可以充分利用自己的优势，故意用撒娇和吃醋的语气说："你要是能把你对工作的热情分给我一半就好啦！"

女孩子这样的表达方式，其实是在提醒对方自己的存在和付出。我想对方明白后，一定会有所触动，多抽出时间来陪你的。

第二大难题：吵架时，对方总是翻陈年旧账怎么办？

针对这个问题，你可以用"止损式沟通"的方法来解决。

这种情况在情侣中较为普遍。

一次，我和一群朋友出去玩。其中有一对情侣，男孩要给女孩拍照，但男孩的角度没掌握好，将女孩拍得太矮了。于是女孩就一直埋怨男孩："你每次给我拍照都会拍成这样，要不就脸大，要不就腿短。"

男孩辩解道："可是我觉得拍得挺自然的呀。"

女孩更加不满了："自然什么呀，你眼瞎啊。"

接着女孩就开始埋怨起对方来了："你说我们跟公司请了

假，花了这么多钱好不容易出来玩一趟，还玩得不开心，图什么呀？"

男孩说："你花什么钱啦？这次出来可都是我负责的，你又没花一分钱。"

女孩更加愤怒了："你说这话我就不爱听了，六月份咱们去舟山旅游，住宿和吃饭的钱都是我出的，两千多呢。"

……

这个例子中，本来拍照只是一件小事，但两人却越吵越生气。让我们静下心来仔细想一下，这次争执的原因不就是因为男孩照片没拍好吗？

如果女孩觉得男孩照片没拍好，因此埋怨他，那么，男孩可以换一种表达方式，比如说："亲爱的，你别生气啦！我要是拍照好看，那其他女生都来找我拍，你不得更生气啊？反正我接下来什么也不干了，就全心全意拍你，直到你满意为止。"

这样的话，就会止住接下来不必要的争吵。

双方吵架这件事是不可控的，说着说着就会莫名其妙地互戳痛点。当我们发现不可控的苗头时，就要学会及时踩刹车。

就像上面这对情侣，当女孩开始翻旧账时，男孩不妨索性把问题提出来："等等，亲爱的，我们今天不是来玩的吗？出来玩就要开心，而现在让我们不开心的事情是什么呢？我们先解决这个问题，你看好吗？"

这样一说，双方都会意识到，现在要解决的是目前已经发生的问题。理性地对话后，他们自然而然就会把注意力集中到解决已经发生的事件上来，就避免了翻旧账。

第三大难题：当他/她心情低落时，该怎么办？

遇到这样的问题，你可以用陪伴和询问引导的方式和对方沟通。

当恋人的情绪状态出现变化时，很多人就不知道该怎么跟对方沟通了。比如，有一天你的女朋友因为你拖鞋乱放突然冲你发脾气；你的男朋友因为米饭有些硬就赌气不吃饭……这些其实都是情绪低落的信号，如果处理不好，往往会成为情侣间吵架的导火索。

当恋人出现反常行为时，你要学会有所察觉。从对方的非语言或语言表达中寻找线索，看看对方最近是不是遇到了什么事情而导致心情不好。

比如，你可以尝试性地先询问："你今天的状态好像不太好，是不是遇到什么不开心的事了？"

一般情况下，对方没有主动跟你分享的事情可能也正是对方不愿意说出来的。所以，如果你这么问了而他没有正面回答，不用失望和着急，因为至少在这个时候你能感觉到对方的情绪，说明你很关注他或她，这一点也足够让对方觉得温暖了；

接下来，在对方不厌烦的情况下，尝试缩小范围，询问他或她情绪不好的原因，比如"是不是被领导批评了？""是不是身体不舒服？"

当然，如果对方还是没有回复你，这时，你最好就不要再追问了，一直陪着对方就好。等到对方愿意主动向你表达的时候，你再有针对性地进行安慰。

每个人都会有情绪低落的时候，如果不能好好调节，既会影响彼此的心情，也会影响你们之间正常的生活和工作节奏。

第四大难题：怎么聊未来的发展和规划？

遇到此类问题，你可以采取积极反馈的沟通方式。

基本上，每对情侣在相处过一段时间后，都会面临对未来的选择和规划的问题。尤其是女生，她们相对来说更加缺乏安全感，在感情发展到一定阶段后会更多地考虑和担心这类问题。

我以前的学员中有一个快毕业的大学生，他在和女朋友聊到未来时，女孩对他说："我现在很纠结，你说我毕业了是接着考研呢，还是去北上广发展？考研吧，自己没有太大的把握；可要是去北京发展呢，朋友们都告诉我北京很不好待，压力大。去年跟我一起实习的一个朋友说他本来打算今年去北京，结果也没去成。我现在都有点抑郁了。"

男孩说："我觉得现在考研很不好考，去北上广发展竞争又太激烈，你的朋友们说的很对。"

在这个例子中，男孩的回应就很消极，而且他丝毫没有提到在未来自己作为男朋友这个角色会怎样支持和帮助她，这会使得本来就很纠结的女朋友更加迷茫和看不到希望。

所以，在与恋人聊到未来时，我们应该多给予对方一些积极的反馈。

最后，我想告诉大家的是，恋爱沟通其实没有固定的方程式，你需要坦诚地去感受对方，深入沟通，并努力解决你们在相处中遇到的一切问题。

就如同高晓松说过的一段话："好的感情，是让我们成为更好的自己……藏着掖着躲着的，都不是好的爱情，也不是好的人生。"

发散练习：

回想一下，你和你的恋人曾经遇到过什么沟通障碍？在读了这些内容之后，你又有什么新的感悟和思考？

亲人沟通：别把亲人从身边推到你对面

我有一个表哥，他每年过年回家名义上说要陪父母，实则天天和自己的同学老友聚会，从来不和父母聊天。他总觉得跟父母没什么可聊的，就算父母问他最近的工作和生活，他总会回答："说了你们也不懂。"

我小姨发微信问他，他回复的永远都是"嗯，啊，噢"。

小姨经常愁眉苦脸地跟我诉苦："你表哥现在连话都不肯跟我说了，真是人越大，心越远。"

有一次，我见到表哥，就告诉了他小姨的抱怨。他居然完全没意识到自己的问题，直到打开微信，翻阅聊天记录后，他才感慨道："哎呀，还真是这样。"

后来，我和许多朋友在一起聊天时，发现他们都存在这样的问题。

这种问题的根源在哪里呢？

一个很重要的原因是父母和子女都没能掌握正确的沟通方法。

鉴于很多父母已经在多年的相处模式中固化了自己的沟通思维，很难改变现状，所以作为子女、晚辈的我们，自然需要承担更多的沟通义务。我们需要多理解和体谅父母，主动做出改变。

在这一节内容中，我们就来探讨一下如何与亲人更好地沟通。

首先，我们要了解父母与子女之间最容易出现的三大沟通问题：

一、总是被父母逼婚怎么办

随着时代的发展，人们因为工作、情感等各种各样的原因，结婚越来越晚。所以很多年轻人每次过年回家就会被父母联合七大姑八大姨逼婚，这似乎已经成了一种常态。

许多年轻人都对此感到头疼，因而经常和父母闹矛盾。关于这件事，我建议采用以下两种办法来解决：

1.用讲故事的方法引导父母，让他们接受你的观点

我有一个同事经常被母亲催婚，他对此不胜其烦，于是对母亲说："您能不能别老催我啊，我的事情我自己清楚！"

母亲这时候就会苦口婆心地劝他："孩子，你都多大了？你总说你自己知道，可是你怎么就不懂做父母的心呢？你看看，跟你一样大的张姨家的儿子，人家的孙子都能打酱油了，你还要等到什么时候？"

同事更烦了："妈，他是他，我是我，我自己的事情自己做主，您能不能不要瞎操心了？"

母亲担心说："你说你一个人怎么办？你在外面总得有个人照顾啊。"

同事无奈，只能以这样的方式结束对话："妈，我自己照顾得了我自己，您忙您的去吧！"

这样回复父母只会让他们更加着急，因为他们根本就不知道子女究竟在想什么，他们那一辈人往往习惯于站在自己的角度来看待这个问题。所以，我们在聊到这个问题时，尽量不要采用这种很烦躁、很敷衍的态度和父母沟通。

那么，该如何与父母沟通呢？

还记得之前内容中提到的"用故事打动人心"吗？我讲了一个案例，一个年轻人被亲友催婚，于是他向父母讲述了另一个在大城市生活，却因过早结婚最后以离婚收场的年轻人的故事，这样的事例一下子就将亲友代入了故事中。这样处理的话，相信你的父母也会理解你目前的情况，不再一个劲儿地催婚。

2.坦诚地说出自己目前的困境，让父母理解

另一种方法就比较简单了，因为对方是自己最为亲近的父母，所以你可以向他们直接讲出自己目前的困境是什么。

在我上文举的例子中，那位同事其实有女朋友，但他总是用敷衍的态度跟父母沟通。后来，在我的劝说下，他也开始理解了父母的苦心。

于是，他这样跟母亲说："妈妈，我现在不是不想结婚，我也很想结婚，但是我们两个现在是异地恋，聚少离多，至少等我们想好以后在哪个城市长期工作，才能考虑什么时候结婚啊。"

他这样一说，母亲也就理解了他，不再催婚了。

二、家人不认同你的梦想，你该怎么办

我们在生活中，往往会遇到这种情况：你想在大城市工作生活，但家里人却让你回家乡发展。在这种情况下，该怎么与他们沟通呢？

在这里，我分享给大家两种解决方式：

（1）站在父母的角度思考问题，先了解父母的动机，安抚好他们的情绪后，再以给自己限定时间的方式与家人沟通；

（2）预先解答父母内心的顾虑，再安慰他们。

表弟退伍后想来北京发展，却遭到了家人的集体反对。可他非常执拗，每次跟家人沟通的时候，他总会说："我就要到北京发展，现在已经找到工作了，你们别管我。我都成年了，以后的路我自己走，我不会花家里一分钱。"

他这么说，会给人一种他要离家出走的感觉，亲人们为此很伤心。

其实，他完全可以换个方式与家人沟通，比如，他可以这样说："爸爸妈妈，我知道在大城市不好待，在老家会过得很安逸，我也知道你们担心我出去受罪。但是，请你们放心吧，我一定可以照顾好自己的，我每天会给你们打电话的。但你们总要给我一些时间，让我自己出去闯一闯，看看自己究竟行不行。哪怕只给我一年的时间，如果我觉得没什么发展前景的话，我自己就会回来的。"

　　如果家人说："那你要是在一年的时间里发展得还不错，还不得一年拖一年啊？以后我们想见你一面都难了。"

　　这时候，你就要了解家人这些话背后的动机。现在独生子女居多，孩子长大了，又不在父母身边，父母有个病痛都没人照顾，这才是老人内心最担忧的事情。

　　例如，我母亲也总是跟我唠叨："要是你一毕业我就让你回家发展该有多好？毕竟我工作都给你找好了。哪像现在，一年到头都见不了几面。我现在想想就后悔。"

　　每当她这么说的时候，我就会跟她说："妈，我现在不是发展得越来越好了吗？将来把你接到北京来，我也可以更好地照顾你。你要是觉得不习惯这边的生活的话，我也可以随时回家看你。现在交通多方便，一个小时就能飞到咱家了，在哪儿都一样。你看，我现在每天去上班都得花两小时才能到单位呢。

　　"你不用担心将来没人照顾你，也不用担心会给我添麻烦。你什么都别想，每天吃好睡好，感觉身体哪里不舒服就及时检查，及时预防，我会常回家看您的。"

　　我这么一说，母亲就喜笑颜开了。

所以，在和父母沟通的时候，我们要从父母的话语中了解他们真实的动机，站到他们的角度想问题，解答他们心中的疑虑，这样沟通才会顺畅。

三、跟父母越来越没话可聊，父母感觉不到孩子的关心，孩子也总感觉不到父母的关心，该怎么办

在这里，我分享给大家两种解决方式：

（1）可以用询问父母以前的事的方式，让父母打开话匣子；

（2）子女可以用父母的思维与他们对话。

当你感到与父母无话可说时，你可以启发他们，让他们有向你表达的欲望。比如说，我回家后要是跟父母没话题聊，就会问父亲："您给我讲讲，您之前是怎么当上乡长的？"

这时，父亲就会特别开心，他会从自己很年轻时的经历讲起，简直说一天都没问题。虽然这个故事他已经讲过很多次了，但我只要问起这类话题，他还是会兴冲冲地跟我聊。从这个方向入手的话，我和父母之间就有的聊了。

对于老人来说，他们永远都会记得过去的事。所以无论你什么时候去问，他们都会乐此不疲地讲，尤其是一些值得他们骄傲的事。而在一问一答的过程中，他们也会感受到你的关心，这会让他们感到被人理解和关怀。

同时，我们还要注意，在和父母聊天的时候，要用他们的思维方式与他们沟通。

由于所处的环境不同，面临的问题也各不相同，我们可能会觉得和父母之间没什么可聊的了。究其根源，其实很多时候还是由于两代人的生活环境不同而导致的世界观和价值观有所差异。

在这种情况下，很多人一开始聊天就会嫌弃父母絮叨，于是索性拒绝与父母沟通。久而久之，彼此之间可能就真的无话可说了。

对父母缺乏耐心，这在年轻人中普遍存在。

我的一个朋友同妈妈住在一起，她最烦的事就是妈妈每天喊她吃饭。她工作很忙，只要不下楼吃饭，妈妈就会没完没了地催。如果她说："妈妈，你别催了，我不吃。"就会让妈妈很难过。

在这种情况下，你其实没办法让父母为你做出彻底的改变，你只能顺着他们的思维体系寻找与他们沟通的方法。

当父母问起你的工作和生活的时候，你最好也别用"妈，你别问了，说了你也不懂"这样的话语来搪塞他们，这样会让你们的沟通止步不前。作为子女，一定要耐心一点，让父母多了解你。

我母亲没上过学，我和她聊工作的时候，如果她不懂，我就会用最通俗易懂的话语跟她说。

有一次，我同妈妈说："妈妈，我明天连排。"

我妈问我："什么是连排？"

"连排就是一个戏从头到尾连起来演一遍。"我这么一解释，她就明白了。后来，她又问我什么是独白，我再耐心地向她讲解。这样，聊得时间就长了，她对我的工作流程也很了解了，以后聊天的时候，我感觉我就像是和一个朋友在聊天。

后来，我慢慢发现，其实老年人对年轻人的许多事情都是充满好奇的，他们想去了解，并且想和你建立沟通。只要你不厌其烦地解释，双方就不会存在无话可聊的情况，你们之间逐渐就会建立起一种朋友式的沟通。

生活在快节奏的城市里，面对着工作、生活、感情上的诸多压力，我们常常感到焦虑、痛苦、压抑……但更多时候，我们依然咬着牙负重前行。我们也许走了很远的路，但再回头看，心中倍感温暖的那一刻往往是到家之前远远望见的父母留的那盏灯。

愿你们在学会了这些沟通技巧后，在与父母的相处中多一点耐心，多一点理解，时刻关心和爱护他们——就像小时候他们对我们做的那样。

发散练习：

试着给父母写一封信，告诉他们你对他们的爱和你对未来的规划。